Dörthe Ziemer

Weißt du noch?

Wir gingen mit TKC-Beuteln einkaufen
zum Eisessen ins „Sternchen"

... zum Tanzen in die Stadthalle
und zur Rockmusik nach Schmellwitz

Mitten aus'm Cottbuser DDR-Alltag
Geschichten und Episoden

Schriftliche Quellen:
Bayerl, Günter; Borghorst, Hermann; Zimmerli, Walther Ch. (Hrsg.): 20 Jahre Brandenburgische Technische Universität Cottbus. Wachsmann-Verlag, Münster 2011
Christl, Andreas u. a. (Hrsg.): Geschichte der Stadt Cottbus. Druckerei Schiemenz, Cottbus 1994
Heghmanns, Michael; Heintschel von Heinegg, Wolff: Der Staatssicherheitsdienst in der Lausitzer Rundschau. Schriftenreihe des Berliner Landesbeauftragten für die Unterlagen des Staatssicherheitsdienstes der ehemaligen DDR, Band 18, Berlin 2003
Mangelsdorf, Frank (Hrsg.): Einst und Jetzt – Cottbus. Culturcon Medien, Berlin/Wildeshausen 2011.
Meier, Andreas: Struktur und Geschichte der Jugendweihen/Jugendfeiern. Arbeitspapier herausgegeben von der Konrad-Adenauer-Stiftung e.V., Nr. 8/2001, Sankt Augustin 2001
Regionalwerkstatt Brandenburg e. V. (Hrsg.): Erfassung und Aufbereitung von Dokumenten und Aussagen von Einzelpersonen/Zeitzeugen zur jüngeren Regionalgeschichte/Daten und Dokumente zur Regionalgeschichte. Cottbus 2005-2008.
Routschek, Helmut: Cottbus – Geschichten und Anekdoten. Der Star im Sternchen. Wartberg Verlag, Gudensberg-Gleichen 2014.
sowie:
http://www.lr-online.de/regionen/cottbus/Cottbus-wagt-eine-kleine-Revolte-gegen-die-Partei;art1049,4844098
http://www.rbb-online.de/panorama/beitrag/2015/03/jugendweihe-heute-frankfurt-oder-60-jubilaeum-.html
http://www.lr-online.de/unternehmen/ueberuns/art205521,3704983
http://www.tierparkcottbus.de/geschichte.html
http://www.pe-cottbus.de/de/die-parkeisenbahn/bahnhoefe/bw-sandower-dreieck.html
http://de.wikipedia.org/wiki/Energie_Cottbus#Bis_1991
http://www.sportschule-cottbus.de/index.php/chronik.html
Ich danke herzlich all jenen, die zum Werden dieses Buches beigetragen haben: zunächst den akribischen Interviewern der Regionalwerkstatt Brandenburg, vor allem aber Steffen Krestin und seinen Mitarbeitern vom Stadtarchiv und Stadtmuseum Cottbus. Und ich danke Agnes Baumert für die Vermittlung zu diesem spannenden Projekt!
Aus Rücksicht auf die Privatsphäre der befragten Cottbuser habe ich auf Namensnennungen verzichtet und Namen in abgebildeten Dokumenten geschwärzt, sofern es sich nicht um Personen der Zeitgeschichte handelt.
Bildnachweise:
Action press / Ali Schafler: S. 21. Alle anderen: Stadtarchiv und Stadtmuseum, Herkules Verlag S. 47,48

2. Auflage 2016

Druck und buchbinderische Verarbeitung:
Buchproduktion Finidr, s.r.o., Český Těšín

34128 Kassel, Richard-Strauß-Straße 33, Tel. (0561) 9 37 17 38
www.herkules-verlag.de
ISBN: 978-3-945608-05-0

VORWORT

Ein Buch mit DDR-Erinnerungen – so einen Auftrag zu übernehmen ist für jemanden, der zur Wendezeit zwölf Jahre alt war, keine einfache Entscheidung. Dank meiner eigenen Erfahrungen habe ich zwar ein Verständnis dafür, wie es sich in diesem sozialistischen Staat lebte. Mein Leben ist jedoch wesentlich geprägt durch die Zeit danach: Es ist geprägt von einem zusammenwachsenden Europa.

Dennoch habe ich die Autorenschaft für dieses Buch sehr gern übernommen, erst recht, als ich die ersten Seiten des umfangreichen Archivmaterials gelesen hatte, das Cottbuser in ABM-Projekten in den 2000er-Jahren für die Regionalwerkstatt Brandenburg erstellt hatten. Sie haben Dutzende Zeitzeugeninterviews geführt, aus denen ein vielgestaltiges, spannendes und oft überraschendes Bild der Cottbuser DDR-Zeit erwächst. Ich durfte darin lesen, Material sortieren und daraus für dieses Buch zitieren. Es ist ein Schatz, der endlich für ein breites Lesepublikum gehoben gehört! Denn er ermöglicht das Erinnern, das Vergleichen von Erinnerungen und das Reflektieren dessen, was hinter all diesen Lebensgeschichten steht.

Dieses Buch soll ein Versuch dazu sein – und ein Anfang. Denn das Material aus zehn Aktenordnern und über 1500 DIN A4-Seiten ist noch längst nicht erschöpft. Ganze Themenkomplexe wie Umwelt, Kirchen, Repressionen bleiben in diesem Buch (fast) unbehandelt, aber nicht vergessen. Das soll keine Geringschätzung dieser Themen darstellen und zugleich mit dem Anliegen verbunden sein, sich ihnen alsbald zu widmen!

SCHWERER ANFANG

VON WOHNUNGSNOT UND WOHNRAUMLENKUNG

Nach dem Zweiten Weltkrieg war das Antlitz der südbrandenburgischen Stadt Cottbus von den Kriegsfolgen geprägt: 475 Häuser und damit rund 1900 Wohnungen waren zerstört oder beschädigt, nur 40 Prozent der Wohnungen unversehrt. Brücken waren gesprengt, Betriebe kaputt, Elektroleitungen baumelten frei herum. Häuser wie das Modehaus Dreifert oder das Hotel „Weißes Roß" lagen in Trümmern.

Vom Hotel „Weißes Roß" blieb nur noch eine Ruine stehen.

Nicht nur die Aufräumarbeit, auch der zunehmende Strom an Flüchtlingen und Vertriebenen aus den ehemaligen deutschen Ostgebieten stellte die Stadt und ihre Bewohner vor enorme Herausforderungen. Im März 1946 waren 12 686 Vertriebene in der Stadt registriert.

Ein in dieser Zeit verantwortliches SED-Mitglied erinnert sich an die Situation im Cottbuser Nachbarort Sachsendorf:
„Wir waren damals ungefähr 800 Einwohner und hatten in den Jahren 1946–1948 ca. 60 bis 70 Umsiedler zu versorgen und unterzubringen. Das war eine sehr, sehr schwere Zeit. Kartoffeln, die wir heute gelegt hatten, wurden unter Umständen schon ein, zwei Tage später wieder ausgebuddelt. Von den Getreidehalmen wurden die Ähren geschnitten."

Die Tuchfabrik Sommerfeld in der Lobedanstraße lag 1954 in Schutt und Asche.

Die nach dem Krieg entstandene Wohnungsnot verschärfte sich ab 1948 durch die Rückkehr von Kriegsgefangenen – bis Juni 1950 wurden 1 055 Rückkehrer registriert – und ab 1952 durch die Nutzung von rund 500 Wohnungen für die Verwaltung des neuen Bezirks Cottbus sowie für soziale Dienste.

Zerstörte Häuser in der Burgstraße (Nordseite) nach Kriegsende.

Der Wohnungsbau kam immer wieder wegen Materialmangels ins Stocken, die Bürger waren aufgerufen, sich selbst Baumaterialien zu besorgen. Beschwerden der Bewohner an die Stadtväter und Hilferufe dieser an die Landesregierung waren an der Tagesordnung. 1950 wurden in Cottbus rund 130 Wohnungen neu gebaut, dem standen im September 1951 immer noch mehr als registrierte 6000 Wohnungssuchende gegenüber. Die Wohnungsnot konnte nur dadurch überstanden werden, dass mehrere Personen und Generationen in winzig kleinen Wohnungen wohnten. Junge Familien waren froh, wenn sie eine eigene Bleibe zugesprochen bekamen, egal wie klein diese war und wie sie aussah. Toiletten auf dem Hof oder dem Treppenabsatz, feuchte Wände, niedrige Raumtemperaturen, defekte Dächer – damit hatten die Cottbuser in den 50er-Jahren zu kämpfen. Nicht nur große Baubetriebe, auch kleinere Handwerker wurden zum Wohnungsbau herangezogen, Arbeiterwohnungsbaugenossenschaften (AWG) gegründet.

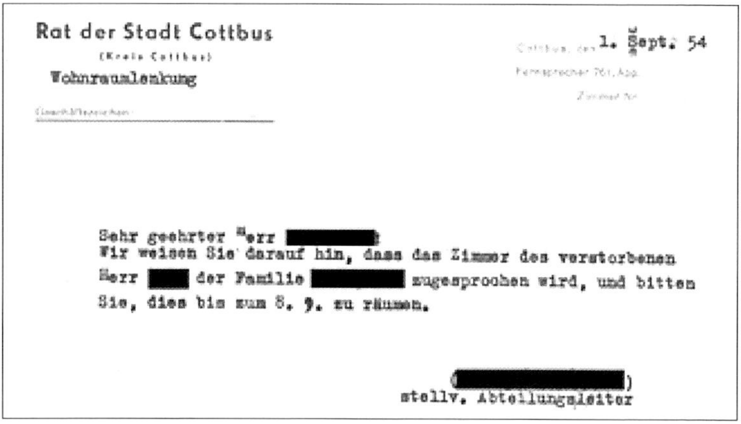

Rat der Stadt Cottbus

Wohnraumlenkung

1. Sept. 54

Sehr geehrter Herr ████!
Wir weisen Sie darauf hin, dass das Zimmer des verstorbenen Herr ███ der Familie ████ zugesprochen wird, und bitten Sie, dies bis zum 8. 9. zu räumen.

(████████)
stellv. Abteilungsleiter

Mit so einem Bescheid der Wohnraumlenkung wurden einzelne Zimmer verschiedenen Wohnparteien zugewiesen.

In dieser Zeit entstanden die Neubaugebiete zwischen der Straße der Jugend, Bautzener Straße und der Bahntrasse (Drei- bis Viergeschosser). Am Eichenplatz entstanden zweigeschossige Einfamilienhäuser, doch diese Bauweise war zu teuer und zu platzgreifend, sodass sie bald wieder eingestellt wurde. Die ersten Häuser in Großplattenbauweise entstanden bereits 1956/57 in der Paul-Greifzu-Straße – als Muster für die darauf folgenden großen Neubaugebiete. Ab 1967 hatte Cottbus ein eigenes Plattenwerk. Zu dieser Zeit wurde von der Lückenbebauung im Stadtgebiet dazu übergegangen, die zumeist 1950 eingemeindeten Vororte großflächig zu bebauen und dazu auch kleinere Häuser abzureißen. Denn mit der Entwicklung der Region als Kohle- und Energiebezirk der DDR kamen noch mehr Menschen in die Stadt, die auf der Suche nach einer Wohnung waren. An den Wandel in Sandow erinnert sich eine Cottbuserin so:

„Ganz früher war Sandow verrufen. Wer etwas auf sich hielt, zog nicht nach Sandow. Das war, wie sagte man, Sandowbuffke. Das war eigentlich eine Arbeitersiedlung mit erbärmlichen Häuschen. Das wurde dann erst alles bebaut und schön gemacht. Dort bekamen wir eine 5-Raum-Wohnung mit Heizung und Warmwasser."

„SIE WISSEN DOCH NOCH GAR NICHT, OB ES LEBEND GEBOREN WIRD."

Eine Cottbuserin erinnert sich an ihre Wohnungssuche: „Man hatte die Möglichkeit, seinen Antrag auf Wohnraum bei der Wohnraumlenkung seiner Arbeitsstelle zu stellen, sofern es ein größerer Betrieb war, oder man musste den Antrag beim Rat der Stadt, Abteilung Wohnungswirtschaft, abgeben. Die Wartezeiten waren erschreckend hoch und die Vergabe von Wohnungen an viele Bedingungen geknüpft. Ich selbst habe meinen Antrag bei meiner betrieblichen Wohnraumlenkung stellen können, und das war im Jahr 1977. Ich wohnte damals noch bei meinen Eltern und hatte dort ein eigenes Zimmer. Somit war ich für die Bearbeiterin ein Antragsteller unter Tausenden, den man nicht berücksichtigen musste – und schon gar nicht, wenn man ‚erst' 21 Jahre alt ist. Als ich 1979 heiratete und gleichzeitig auch ein Kind unterwegs war, wurde ich dann wieder einmal vorstellig in der Hoffnung, nach längerer Wartezeit – immerhin schon über zwei Jahre – und der Erfüllung weiterer Bedingungen – Eheschließung, Schwangerschaft – nun endlich eine Wohnung zu bekommen. Weit gefehlt! Noch heute klingen in mir die Worte der Bearbeiterin nach: ‚Nun bringen Sie doch erst mal Ihr Kind zur Welt, Sie wissen doch noch gar nicht, ob es lebend geboren wird.' Also blieb mir nur der Weg über mehrere Eingaben an übergeordnete Stellen, bis dann mein Problem auf dem Tisch des Oberbürgermeisters landete. Ehe ich eine Wohnung zugewiesen bekam, vergingen dann noch einmal zwölf Monate."

Bei aller Freude über die neuen Wohnungen – man verglich gern mit anderen Möglichkeiten:
„Sachsendorf fand ich total hässlich, dort hätte ich nicht

Endlich eine neue Wohnung – Würfelhäuser im Cottbuser Stadtbezirk Sandow.

wohnen wollen. Sandow ist mit das schönste Wohngebiet von denen, die neu gebaut wurden. Erst mal durch die Nähe zum Stadtzentrum, und es ist so gebaut worden, dass dazwischen immer noch Baumbestand blieb. Es sind auch viele Kindereinrichtungen dazwischen gewesen, die mit schönen grünen Gärten angelegt wurden. Das hat alles etwas aufgelockert. Ganz so viele Hochhäuser wie in Sachsendorf oder in Neu-Schmellwitz gab es in Sandow nicht. In Schmellwitz ist da einiges schöner gemacht worden. Dieser Park, der entlang des Grabens angelegt wurde, mit dem Wall. Das sieht dort wie eine grüne Lunge aus.“

GESTALTUNG VERNACHLÄSSIGT

Das Wohngebiet Neu-Schmellwitz ist die jüngste Großplattensiedlung im Norden der Stadt Cottbus, gelegen zwischen den alten Dorfkernen von Schmellwitz und Saspow. Das Besondere an dieser Siedlung: Ein etwa acht Kilometer langes künstlich angelegtes Grabensystem zur Entwässerung des ehemaligen Ackerlandes schlängelt sich durch die Wohnbebauung und verleiht diesem Stadtteil einen naturnahen Charakter. Allerdings wurde die Gestaltung während des Wohnungsbaus vernachlässigt und erst nach der Wende fertiggestellt. Mit etwas Abstand betrachteten die Cottbuser ihre Neubaugebiete durchaus kritischer.
Ein Cottbuser:
„In den 1970er- und 1980er-Jahren war die Entwicklung hier sehr rasant, das hängt natürlich auch mit der Rolle von Cottbus als Kohle-und-Energie-Zentrum zusammen. Da hatte das Entstehen von Neubauwohnungen Vorrang. Von der Gestaltung her, sage ich mal, war es kaum möglich, architektonische Ideen wie Auflockerungen oder eine vielgestaltigere Entwicklung umzusetzen. Sicherlich nicht nur aus finanziellen Gründen: Es musste schnell, schnell, schnell gehen.“
Andere waren härter in ihrem Urteil:
„Die großen Neubaugebiete in Schmellwitz, Sachsendorf und Sandow haben mich nicht begeistert. Das sind nicht mal Wohnstätten, das ist eine Unterbringung gewesen. Die Leute sind hierhergekommen, weil sie eine Wohnung bekamen. Arbeit kriegten sie überall. Aber wenn sie woanders eine bessere Wohnung bekommen, gehen sie dorthin. Deswegen ist es jetzt [nach der Wende] leer. Die Leute wollten ihre eigenen vier Wände haben. Die Wohnverhältnisse waren ja zum Teil katastrophal.“

Zugleich hatte und hat die Großplattenbauweise in Cottbus ihre Verteidiger:
„Wenn heute so etwas verunglimpft wird oder verbrämt, finde ich das immer so unpassend. Heute sagt man: ‚Das sieht hässlich aus. Wer soll denn

Schneller Wohnungsbau mit Großplatten 1979 im Cottbuser Stadtteil Sachsendorf.

da noch wohnen?' Das ist eine einseitige Betrachtungsweise. Man muss die Dinge immer im Zusammenhang mit der jeweiligen Zeit sehen. Zu DDR-Zeiten waren die meisten froh, überhaupt eine Wohnung zu haben."

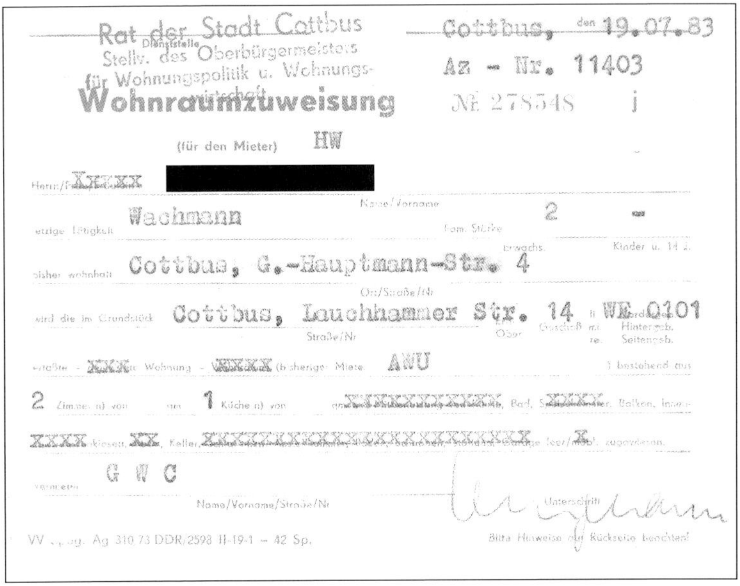

Rat der Stadt Cottbus
Dienststelle
Stellv. des Oberbürgermeisters
für Wohnungspolitik u. Wohnungswirtschaft

Cottbus, den 19.07.83
Az - Nr. 11403
Nr. 278548 j

Wohnraumzuweisung
(für den Mieter) HW

Herrn/Frau/Fräulein Xxxxx
Name/Vorname

jetzige Tätigkeit Wachmann
Fam. Stärke 2 – erwachs. Kinder u. 14 J.

bisher wohnhaft Cottbus, G.-Hauptmann-Str. 4
Ort/Straße/Nr

wird die im Grundstück Cottbus, Lauchhammer Str. 14 WE 0101
Straße/Nr

Geschoß Hintergeb. Seitengeb.

bestehend aus
2 Zimmer(n) von qm 1 Küche(n) von qm, Bad, Balkon, Innenklosett, Keller, leer/möbl. zugewiesen.

Vermieter G W C
Name/Vorname/Straße/Nr

Unterschrift

VV Ag 310/73 DDR/2598 II-19-1 – 42 Sp.

Bitte Hinweise auf Rückseite beachten!

Bescheid über die Zuteilung einer Wohnung durch die Wohnraumzuweisung 1983.

Ob die neuen Wohngebiete nun als schön empfunden wurden oder nicht, viele Cottbuser mussten lange auf ihre Wohnungen warten. Um die wenigen Wohnungen irgendwie zu verteilen, wurden Wohnungsausschüsse und Wohnraumlenkungen eingesetzt.

ARBEITSPRODUKTIVITÄT UND NORMERFÜLLUNG

DER 17. JUNI 1953 IN COTTBUS

Die Zeit des Wiederaufbaus nach dem Krieg wurde begleitet durch das Bemühen der Befehlshaber, die Normen in der Produktion zu erhöhen. Die Sowjetische Militäradministration (SMAD) lobte für eine kontinuierliche Normerfüllung Prämien wie Kurreisen, zusätzliche warme Mittagessen oder Zusatzkarten für eine bessere Versorgung mit Waren aus. Doch konnte ein Großteil der arbeitenden Cottbuser aus schierer materieller Not, sozialer Unsicherheit, unzureichenden Arbeitsbedingungen oder zu geringen Materialzuteilungen den Vorgaben nicht folgen. Unter diesen Bedingungen war der Wille für mehr Leistung einfach nicht da. Als Normbrecher wurde bezeichnet, wer dennoch dem Ruf der Staatsmacht folgen wollte. Es kam zu Diskriminierungen in den Betrieben, viele Menschen flüchteten in die BRD.

Mit Plakaten im Stadtzentrum wurde 1950 für den raschen Aufbau der Industrie geworben.

Mit dem Beschluss der SED, den Sozialismus in der DDR planmäßig aufzubauen, wurde die Schwerindustrie intensiv entwickelt – zulasten der

Konsumgüterproduktion. Weitere Normerhöhungen und Steuererhöhungen ließen die Kluft zwischen arbeitender Bevölkerung und Staatsmacht immer größer werden. Es gab Prozesse gegen private Handwerker und Gewerbetreibende, die sich vermeintlich nicht den Erfordernissen der sozialistischen Produktion beugten. Hinzu kam eine Verschärfung der Auseinandersetzungen zwischen Staat und Kirche, die sich der Lausitzer Rundschau zufolge vor allem um die Junge Gemeinde in Cottbus drehte.

RAW WAR AUSGANGSPUNKT DES PROTESTES

Schließlich wurde das Reichsbahnausbesserungswerk (RAW), dessen 10. Platz im „sozialistischen Wettbewerb“ die Regionalzeitung 1952 bemängelt hatte, am 17. Juni 1953 Ausgangspunkt der Streiks und Demonstrationen, die tags zuvor schon in Berlin begonnen hatten. Vom RAW aus zog am Vormittag ein Demonstrationszug in Richtung Stadtzentrum, Mitarbeiter anderer Betriebe schlossen sich an. Am frühen Nachmittag waren sowjetische Panzer aufgefahren, für die Nacht und die darauf folgenden Tage galt der Ausnahmezustand.

Das Stasi-Gefängnis in Cottbus im Jahr 2013.

Die Demonstranten riefen Losungen aus wie „Nieder mit der DDR-Regierung“ oder „Freiheit für alle Gefangenen“.
Im Stasi-Gefängnis von Cottbus brach eine Häftlingsrevolte aus.

Die Proteste des Juni 1953 gingen in Cottbus vom Reichsbahnausbesserungswerk aus.

An diesem 17. Juni bemühten sich viele Cottbuser, wenn sie in der Stadt unterwegs waren, schnell nach Hause zu gelangen, weil sie die Situation nicht überblicken konnten:
„So viel haben wir von dem Aufstand nicht mitbekommen, da wir private Handwerker waren und keine Arbeiter, von denen das ja ausging. Und es hat auch im Nachhinein keiner darüber geredet, einfach aus Angst."

Ein Mitglied der Jungen Gemeinde hat indes mehr mitbekommen:
„Wir hatten bei dem Cottbuser Superintendenten Schüler seit 1951–1952 einen Oberschüler-Bibelkreis, der sich immer mittwochs im Pfarrhaus in der Klosterstraße traf. Als an diesem Tag unser Treffen beendet war und wir auf die Straße kamen, merkten wir, dass in Cottbus etwas los war. Am Altmarkt, dem Neumarkt und in der Spremberger Straße waren viele Menschen. Sie kamen aus verschiedenen Betrieben und zogen in Richtung Neues Rathaus. Unterwegs schlossen sich viele Menschen an. Es war allgemein die Stimmung: ‚So kann es nicht weitergehen.' An der Eingangstür des neuen Rathauses befand sich ein eisernes Schmiedeziergitter. Dieses war natürlich verschlossen und die Demonstranten wollten in das Rathaus. Wie Jugendliche sind, wollten wir so dicht als möglich an das Geschehen. Nach einiger Zeit kam die Sowjetarmee mit Panzern, schoss über die Menge hinweg in die Luft und die Menge zerstreute sich."

Es begannen Prozesse gegen Demonstranten, die zur Abschreckung öffentlichkeitswirksam in der Presse dargestellt wurden.
Die Problematik Normerfüllung bei gleichzeitigem Energie-, Material- und Ersatzteilmangel sollte die DDR-Wirtschaft auch nach dem 17. Juni 1953 bestimmen. Es wurden Maßnahmen für einen sparsamen Strom- und Materialverbrauch in den Betrieben festgelegt und Wettbewerbe zur Erreichung dieser Ziele eingeführt. Dem Zwang zur Normerfüllung gewann indes mehr als 20 Jahre später eine Arbeiterin des Textilkombinats Cottbus (TKC) noch Positives ab:
„Das Betriebsklima im TKC war super, da hat keiner dem anderen die Augen ausgekratzt. Wenn einer seine Norm nicht geschafft hat und ein anderer war schneller, dann hat man eben geholfen."
Nach der forcierten Produktion in der Schwerindustrie wollte die Staatsführung die großen Bedürfnisse der Bevölkerung befriedigen.
Ein Cottbuser, der im RAW tätig war:

Näherinnen im TKC Cottbus 1989. (Bundesarchiv)

„Es kam dann dazu, dass in völlig artfremden Betrieben Konsumgüter hergestellt wurden, wie auch im RAW, was keinesfalls effektiv war, aber dazu dienen sollte, die Bedürfnisse zu befriedigen und das vorhandene Geld abzuschöpfen. Dem vorhandenen Sparvermögen sollte eine entsprechende Warendeckung entgegengesetzt werden. Die Preise für Nahrungsmittel wurden künstlich niedrig gehalten. Ich kann mich noch erinnern, dass ich mir einen Fernseher für 7000 Ostmark gekauft habe."

ES FEHLTE OFT DAS MATERIAL, UM ARBEITEN ZU KÖNNEN

Doch Zuliefererprobleme behinderten die Produktion, die Betriebe arbeiteten unwirtschaftlich. Detailliert beschreibt dies ein Tagebau-Kumpel:

„Bei der Abteilung ‚Hilfsgeräte' mussten Kräne usw. beantragt werden. Dann haben die von der Abteilung Wochentechnologie freitags zusammengesessen und gesagt: Für Montag bekommt die Entwässerung nichts, Dienstag bekommen sie einen Trecker, Mittwoch einen Trecker mit Hänger, Donnerstag bekommen sie einen W50 usw. Es mussten aber alle im Tagebau bewegt werden: die Schlosser, die Dreher, einfach alle. Die haben uns manchmal früh auf einem Hänger zur Grube gefahren, wo wir aber, aufgrund fehlenden Materials (was sehr oft vorkam), nur eine halbe Stunde arbeiten konnten. Nun saßen wir dann dort fest, weil der Rücktransport erst wieder gegen Mittag seine Runde machte. Manchmal sind wir mit zehn Leuten zu einem Schaden gefahren, aber gearbeitet haben nur zwei davon."

Auch im Handel schien es zeitweise recht unorganisiert zuzugehen. Schon 1953 auf einer Sitzung der Stadtverordneten wurde festgestellt, „dass durch eine bewusste Überzentralisierung des Handels jegliche Initiative der Handelsfunktionäre in den unteren Organen gelähmt wurde". Das sollte in den folgenden gut 30 Jahren so bleiben. Die vielen Landwirtschaftlichen Produktionsgenossenschaften und auch die vielen Kleingärtner haben viel unternommen, um die Belieferung der Bevölkerung mit zusätzlichem Obst, Gemüse und Lebensmitteln abzusichern.

Doch der Handel war selten genug in der Lage, diese Produkte schnell und organisiert zu den Verbrauchern zu transportieren.

„Oft genug ist es passiert, dass Bohnen, Tomaten, Weißkohl oder anderes Obst und Gemüse zu lange in den Sammellagern standen. Natürlich kam es dann schon halb vergammelt in den Verkaufsstellen an, aber der Handel hat mit keiner Silbe daran gedacht, den Schaden durch eine Preissenkung so klein wie möglich zu halten. Nein, ihre Devise war: ‚Was nicht verkauft wird, wird eben entsorgt', und so gingen der Bevölkerung wertvolle Produkte verloren."

VERNACHLÄSSIGTE HÄUSER, NEUES STADTZENTRUM

COTTBUSER ANSICHTEN

Das Aussehen der Stadt Cottbus hat sich im Laufe der 40-jährigen DDR-Geschichte stark gewandelt. Nicht nur, dass aus einem Trümmerfeld in unzähligen Arbeitsstunden wieder eine Stadt wurde – Cottbus mit seinen einst vielen Jugendstilhäusern hat in diesen Jahrzehnten ein „sozialistisches Gesicht" bekommen. Zunächst war der äußere Wandel auch durch den Wandel der Verkehrsmittel geprägt.

Verfallende Häuser in der Altstadt neben Plattenbauten – 1975 in der Berliner Straße.

Mitte der 1950er-Jahre gehörten Pferdefuhrwerke noch zum typischen Stadtbild. Ein Cottbuser erinnert sich:
„... dass der Fuhrunternehmer Lubosch aus Sandow regelmäßig von den Fleischereien die Knochen abholte und zu einem Lagerplatz außerhalb der Stadt in der Nähe von Haasow schaffte. Es waren noch andere Pferdegespanne unterwegs. Damals war es wegen des geringen Autoverkehrs noch möglich, mit dem Pferdefuhrwerk in der Stadt auf und ab zu fahren. Es dauerte mitunter fünf bis zehn Minuten, bis wieder mal ein Auto die Karl-Liebknecht-Straße entlangfuhr."

Auch die Post war 1951 noch mit Pferdefuhrwerken unterwegs.

Mit dem Wiederaufbau der Sandower Brücke gab es ab 1957 durchgehenden Straßenbahnverkehr nach Sandow. Keine 20 Jahre später befand sich der Straßenbahnverkehr in der Innenstadt auf dem Rückzug: 1974 wurde er von der Spremberger Straße in das neue Stadtzentrum verlegt, seit 1976 ist die „Sprem" eine Fußgängerzone. Passend dazu ist 1974 auch das Jahr, in dem die letzte Gaslaterne in Cottbus erlosch, und zwar in der Bonnasken-/Ecke Seminarstraße.

„SPEEWALDGUSTE" UND KOHLENKLAU IN FRÜHEN DDR-ZEITEN

Die durch den Krieg zerstörte Sandower Brücke konnte zunächst nur provisorisch wiederaufgebaut werden.

Zum großen Bedauern vieler Cottbuser und Spreewälder wurde die Spreewaldeisenbahn, im Volksmund „Spreewaldguste" genannt, 1970 aus Kostengründen eingestellt. Sie fuhr seit dem ausgehenden 18. Jahrhundert und brachte landwirtschaftliche Produkte, Kohle, Raseneisenerz und Hölzer in die Städte und Dörfer sowie die Menschen zu ihrer Arbeit, in die Schulen, aber auch zu Behörden und Märkten. Schließlich war sie auch ein beliebtes Mittel für Ausflugsfahrten und damit eine touristische Attraktion. In der frühen DDR-Zeit hatte sie für manche gar eine existenzielle Bedeutung:

„Wenn die bei uns vorbeigefahren ist, fuhr sie immer recht langsam. Sie war voll mit Kohlen für den Spreewald beladen. Da sind wir Kinder raufgeklettert und haben die Kohlen heruntergeworfen und unten wieder eingepackt – für etwas Wärme oder zum Tauschen."

QUIETSCHENDE STRASSENBAHNEN

Das Gequietsche der Bahn war fortan an der Stadtpromenade zu hören, was ein Cottbuser noch gut in den Ohren hat:

„Die Straßenbahn hatte noch keine lenkbaren, sondern starre Achsen. Durch Bestreichen der Gleise mit einem Gleitmittel in den Kurven und an den Weichen wurde versucht, dem abzuhelfen. Das wirkte aber nur ganz kurze Zeit, dann ging das Gequietsche wieder los. Das wurde erst besser, als die ersten Tatra-Bahnen aus der ČSSR kamen. Sie hatten Drehgestelle und waren zwar etwas länger, aber durch diese Drehgestelle konnte sich deren Fahrwerk besser an die Kurven anpassen. Die Quietscherei hörte auf."

Die Tatra-Bahnen aus der ČSSR, im Bild eine KT4D, machten dem lästigen Quietschen ein Ende.

Das Straßenbahnnetz reichte in dieser Zeit in die neuen Wohngebiete hinein, 1979 wurden auf den Schienen 22,7 Millionen Passagiere befördert.

SENSATION: POLIZISTIN REGELT DEN VERKEHR

Schließlich bestimmten auch in Cottbus Autos den Verkehr, und zwar Trabants und Wartburgs, auch wenn die Menschen immer lange auf ihre Autos warten mussten. Zum Stadtbild gehörten fortan auch Polizisten, die den Verkehr regelten, etwa auf der Kreuzung Bahnhofstraße/Karl-Liebknecht-Straße. An einem anderen Platz tat ab und zu eine Frau den Dienst – eine Sensation für Cottbus. Mitte der 1970er wurden nach und nach Ampeln aufgestellt: Die Polizisten hat man manchmal fast nicht mehr in den Rauchwolken auf der Kreuzung gesehen, erinnert sich ein Cottbuser Autofahrer.

Trabants und Wartburgs prägten in den 1970er- und 1980er-Jahren den Straßenverkehr in Cottbus.

VERFALLENE INNENSTADT

Neben dem Verkehr prägte die Bebauung der durch den Krieg gerissenen Lücken das Stadtbild – Wohnungen mussten her. Dass über die Anstrengungen, annehmbaren Wohnraum zu schaffen, die Innenstadt von Cottbus vernachlässigt wurde, nahmen die Cottbuser mit Bedauern wahr.
Eine Cottbuserin:
„Die Innenstadt von Cottbus ist zu DDR-Zeiten natürlich sehr verfallen, weil dafür – das ist wieder der Nachteil des Großplattenbaus – überhaupt nichts getan wurde. Wir sehen ja heute, wie viele schöne Häuser Cottbus zum Glück noch hat, die, wenn es noch fünf Jahre länger gedauert hätte, alle dem Abriss zum Opfer gefallen wären ... Ich mache den Städteplanern keinen Vorwurf, dass sie in den Wohngebieten außerhalb keine kulturellen Zentren gebaut haben, aber man hätte die Innenstadt erhalten sollen."
Dennoch gab es Ende der 1960er-Jahre das Bemühen, einige Häuser in der Altstadt zu rekonstruieren. Dazu mussten die Mieter ausziehen, obgleich mit der Rekonstruktion erst später begonnen wurde.

STADTPROMENADE, „STERNCHEN" UND VIEL GRÜN

Mitte der 1960er-Jahre wurde begonnen, neben der Altstadt ein neues Stadtzentrum zu etablieren – die Stadtpromenade. Den Auftakt bildete 1968 das Konsument-Warenhaus – bis zur Stadthalle erstrecken sich dahinter kleine Pavillons, eine Bowlingbahn, die Mokka-Bar „Kosmos" sowie Grünanlagen, Springbrunnen und Skulpturen, durch eine ausgedehnte, geschwungene Fußgängerbrücke mit der Flaniermeile „Sprem" in der Altstadt verbunden.

Das Haus in der Mühlenstraße 12 war auch 1987 noch in einem jämmerlichen Zustand.

Blick auf das neue Stadtzentrum mit der Mokka-Eis-Bar „Kosmos", genannt „Sternchen".

Die neue Fußgängerbrücke schwingt sich großzügig durch das neue Stadtzentrum.

Von einem DDR-Fachbuch als städtebaulich gelungene Zentrumsgestaltung gelobt, schafft es die Stadtpromenade heute kaum, mit der sanierten Altstadt mitzuhalten. Doch zu DDR-Zeiten war sie ein beliebter Treffpunkt für alle Generationen, eine grüne Oase in einer Stadt, deren Bewohner ohnehin das viele Grün schätzten. Stolz war man, wenn Gäste, zumal aus dem Westen, das auch so sahen:

„Wenn wir aus dem Westen Besuch bekommen haben, war der jedes Mal von Cottbus angetan. Sie fanden das schön, gerade auch das Stadtzentrum.

Es war nicht überladen, eine ganze Menge Grün. In vielen Städten ist man ja nicht gewöhnt, dass mitten in der Stadt so eine grüne Oase wie die Stadtpromenade zu finden ist."

Besonderer Anziehungspunkt zu DDR-Zeiten war das „Kosmos", wegen seiner Form auch „Sternchen" genannt. Es wurde 1969 zum 20. Republikgeburtstag eröffnet. Die Dachkonstruktion schien über dem Gastraum als großer Stern zu schweben, auch in der Innenausstattung war alles auf Sternenhimmel und Weltall getrimmt. Selbst gemachtes und für damalige Verhältnisse preiswertes Eis gehörte zu dem Angebot, das das „Sternchen" bekannt und beliebt machte. Auch DDR-Stars sollen im „Sternchen" gesichtet worden sein – auf alle Fälle während der Dreharbeiten zum Defa-Vierteiler „Die sieben Affären der Doña Juanita" (1973) mit Schauspielern wie Armin Mueller-Stahl, Renate Blume und Winfried Glatzeder.

Blick aus dem „Sternchen" auf das neue Stadtzentrum.

Ganz konspirative Erinnerungen hat diese Cottbuserin an das „Sternchen":
„Da war es immer sehr interessant. Da saß man wie in kleinen Wangen, immer so zwei Plätze. Meine Freundin und ich, wir haben uns dann immer genau in die Wange an der Treppe zu den Toiletten gesetzt. Ich wusste ja, dass Gänge vom ‚Sternchen' zu den Pavillons und zu öffentlichen Einrichtungen verliefen.
Und an genau diesem Platz im ‚Sternchen' konnte man gut beobachten, dass da manche Leute, die angeblich zur Toilette gingen, nicht wieder hochkamen. Da wären wir ja gern mal nachgelaufen, aber wir trauten uns nicht."
Nach der Wende musste das „Sternchen" dem Bau des Blechen-Carrés weichen, seit 1989 hatte es leer gestanden.

NEUES KAM, ALTES VERSCHWAND

Das neue Stadtzentrum wurde in den 1970er-Jahren durch das Hotel Lausitz und die Stadthalle komplettiert. Für diese Bauten mussten bekannte Gebäude wie die Gaststätte „Zur Börse" und die Drogerie Brausewetter sowie zahlreiche weitere alte Wohnhäuser weichen.

Innenansicht des Hotels Lausitz.

Tropfdeckchen aus dem Restaurant des Hotels Lausitz.

Während das Hotel Lausitz nach der Wende abgerissen wurde, hat die Stadthalle ihr Antlitz aus den 1970er-Jahren bis heute behalten. Damals wie heute gehören Konzerte von Rock bis Schlager, Musik- und Tanzshows, Theater und Kinovorführungen zum Programm. Das kulturelle Angebot wurde zu DDR-Zeiten als vielfältig und hochwertig wahrgenommen.

DIE STADTHALLE UND DAS HOTEL LAUSITZ IM JAHR 1979

Besonders gefragt waren Auftritte internationaler und besonders westdeutscher Künstler ebenso wie die vom DDR-Fernsehen produzierten Sendungen, darunter auch „Ein Kessel Buntes“. Diese machten aus Sicht der Cottbuser die Bedeutung der Stadthalle als Kulturort des Kohle- und Energiebezirkes aus. Für Betriebe gab es Kartenkontingente, die die jeweiligen Kulturverantwortlichen an die Beschäftigten verteilten.

Das Foyer der Stadthalle 1976.

MISIKANTENSTADL UND DER OBERBÜRGERMEISTER

Der Sänger Hias, der Entertainer Harald Juhnke, Oberbürgermeister Waldemar Kleinschmidt und Gastgeber Karl Moik beim Musikantenstadl 1989 in der Stadthalle.

Eine besondere Erinnerung hat Waldemar Kleinschmidt an die Stadthalle, der am 13. Dezember 1989 der erste neue Oberbürgermeister in der sich umkrempelnden DDR wurde. Wenige Tage nach seiner Wahl gastierte der Entertainer Karl Moik mit seinem Musikantenstadl in der Stadthalle. Es war die erste Live-Übertragung einer Fernsehshow aus der DDR durch eine öffentlich-rechtliche Fernsehanstalt.

Der Musikantenstadl wurde gleich drei Mal an einem Wochenende aufgeführt.

Moik lud Kleinschmidt in die Sendung ein, setzte ihn in eine Postkutsche und ließ ihn etwas über die Stadt und den Spreewald erzählen, erinnert sich der Oberbürgermeister:

„Moik war sehr loyal und sehr freundlich. Er wollte von mir die Geschichte hören, wie der Spreewald entstanden ist. Er half etwas nach, weil sie mir nicht gleich eingefallen ist: die Geschichte mit den Ochsen. Die kannte ich: ‚Ein Bauer hat mit seinen Ochsen und einem Pflug gepflügt. Der Bauer warf mit seiner Mütze nach den Ochsen, und diese sind dann durchgebrannt, haben den Spreewald kreuz und quer durchpflügt und dadurch sind die vielen tausend Kilometer Fließe entstanden.‘ Moik wollte diese Geschichte politisch auswerten, so nach dem Motto: ‚Die Ochsen sind durchgebrannt ...!‘“

Nach dem Auftritt bekam Kleinschmidt körbeweise Post mit Erinnerungen von Menschen:

„Viele haben sich erinnert, dass sie im Krieg oder vor dem Krieg beim Panzerregiment in Cottbus gedient haben oder dass sie in dem Lazarett am Bahnhof in Cottbus versorgt wurden oder im Cottbuser Krankenhaus lagen. Oder sie hatten konkrete Fragen nach bestimmten Personen und Einrichtungen. Wir haben versucht, alle Briefe zu beantworten.“

KLEINE SCHIKANEN UND GROSSE VERBOTE

SELBSTSTÄNDIGE UNERWÜNSCHT

Doch nicht nur die allgemein schwierigen Startbedingungen nach dem Krieg machten den Unternehmern zu schaffen. Im Zuge des Beginns staatlicher Planwirtschaft Ende der 1940er-Jahre wurde auf Eigentumsverhältnisse kaum Rücksicht genommen. Um die nach dem Krieg und durch Demontagen der Besatzungsmacht geschwächte Produktion anzukurbeln, barg man Maschinen aus den Trümmern und installierte sie andernorts, ohne dass die Eigentümer hätten darauf Einfluss nehmen können. Die zur Blockpartei avancierte Liberaldemokratische Partei empfahl 1957 den Unternehmern, der Umwandlung in halbstaatliche Betriebe zuzustimmen. Ziel der Staatsführung war es, privaten Handel und Gewerbe einzudämmen – etwa durch die Bildung von Produktionsgenossenschaften des Handwerks (PGH) und die Einführung des Kommissionshandels. Gab es im März 1958 noch mehr als 1300 Handwerks- und Gewerbebetriebe, private Betriebe und private Handelsunternehmen, wurde 1963 der „Sieg der sozialistischen Produktionsverhältnisse in der DDR" verkündet. 1972 wurden die letzten privaten Betriebe zwangsweise in volkseigene Betriebe umgewandelt. Auch die Werbung wurde zumeist zentral durch die Deutsche Werbe- und Anzeigen-Gesellschaft (Dewag) gestaltet.

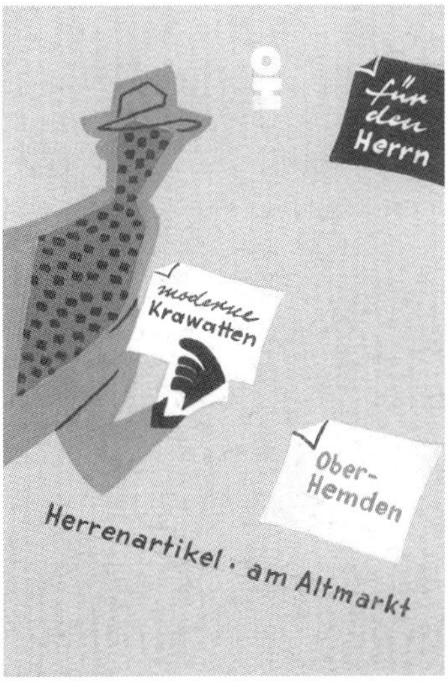

Plakate der Dewag werben für Cottbuser Geschäfte.

Wie schwierig es für die Privaten wurde, ihr Geschäft zu betreiben, berichtet die Frau eines Cottbuser Bäckers:
„Als wir 1958 wieder anfangen wollten, wollte man uns gar keine Genehmigung mehr geben. Wenn der Pächter, den wir während unserer Pausierung hatten, nicht nach Sandow gegangen wäre, dann hätten wir nie mehr eine Genehmigung bekommen. Wir waren eben als Selbstständige sehr unerwünscht. Es gab sogar Zeiten, da haben wir einfach keine Lebensmittelkarten mehr bekommen. Wir mussten dann zusehen, dass wir irgendwo unsere Lebensmittel frei kaufen konnten. Ich bin jede Woche nach Kolkwitz zu einem Bekannten gefahren, um Butter zu holen."

Auch später wurde es nicht einfacher, ein Gewerbe zu beantragen, wie dieser Handwerksmeister erfahren hat:
„Ich hatte dazu schon mal bei der Handwerkskammer vorgefühlt und denen in einem privaten Gespräch mitgeteilt, was ich vorhabe. Daraufhin haben sie mir gleich gesagt: ‚Da werden Sie wahrscheinlich keinen Erfolg haben. An uns liegt das nicht. Das ist eine politische Sache. Wir dürfen in dieser Zeit keine neuen Gewerbe erstellen.' Als ich 1973 mit meinem Meister fertig wurde, war es tatsächlich so, dass sich die Situation noch verschärft hatte. Es war überhaupt nicht daran zu denken, sich irgendwo zu privatisieren."

Grundsätzlich wurde auch Eigentum – etwa Hauseigentum – ungern gesehen. So konnten Hausbesitzer nicht selbst über ihren Wohnraum verfügen:
„Früher haben wir ganz primitiv gewohnt. Das war damals so, man hatte zwar ein eigenes Haus, konnte aber nicht über den Wohnraum bestimmen, das ist ja heute undenkbar. Mein Schwiegervater wollte damals die Hauswand zum Innenhof neu machen. Aber wir durften es nicht, wir haben dafür keine Genehmigung bekommen. Die vom Amt sagten damals in den 1950er-Jahren zu uns, dass das nicht nötig sei. Das war damals eine furchtbare Zeit, man hatte Eigentum, war aber kein freier Herr. Die hätten doch damals froh sein können, dass es sich überhaupt jemand leisten konnte, das Haus in Ordnung zu halten. Die meisten Häuser sahen ja schlimm aus."

Eben jenes Privateigentum musste dann auch in die halb- oder ganzstaatlichen Betriebe eingebracht werden, wie sich dieser Unternehmer erinnert:
„In dieser Zeit war kaum noch irgendwas privat. Sogar die Geschäfte waren plötzlich ein Konsum oder eine HO. Der ursprüngliche Eigentümer war dort zwar noch Verkaufsstellenleiter bzw. Verkäufer gewesen. Er musste sein Privatgeschäft in eine Genossenschaft oder einen staatlichen Handelsbetrieb einbringen. Das Private war nicht gewollt."
Da waren einige Selbstständige froh, wenn sie als Kommissionshändler

noch den Anschein der Eigenständigkeit bewahren konnten, wie dieser Sportwarenhändler: *„Wir wurden Kommissionshändler bei der HO, weiterhin mit dem Sortiment Sportartikel. Bei dieser Handelsform gehörte die Ware der HO, die Bezahlung erfolgte durch die HO, wir bekamen für den erbrachten Umsatz eine Provision. Wir waren Kommissionshändler, konnten aber unser Geschäft selbstständig weiterführen."*

Das Konsum-Signet.

Doch auch für jene, die ihre Selbstständigkeit behauptet hatten, wurde es immer schwieriger:
„Die letzten Monate vor der Wende waren für uns Selbstständige katastrophal. Wir wurden förmlich ausgebootet. Wir hatten drei Kategorien im Bäckereiwesen: Da war an erster Stelle die staatliche Großbäckerei, an zweiter Stelle die PGH, und das private Handwerk stand hintendran. In dieser Reihenfolge erfolgte auch die Verteilung der Rohstoffe: Bei den Grundstoffen, wie Mehl, Zucker usw. war die Versorgung gesichert, aber bei den Edelrohstoffen, wie zum Beispiel Sultaninen und Südfruchtkonserven erfolgte die Zuteilung nach der vorgenannten Reihenfolge. Diese Dinge mussten gesondert geplant und eingereicht werden. Wenn sie dann genehmigt wurden, kam es jedoch schon mal vor, dass wir die Sultaninen bekommen haben, als die Festbäckerei zu Weihnachten fast vorbei war. Das haben wir uns natürlich nicht gefallen lassen und sind auf die Barrikaden gegangen. Weil ich einer war, der nie ein Blatt vor den Mund genommen hat, wurde dann plötzlich vor meinem Geschäft ein Parkverbot erlassen. Das waren dann so die kleinen Schikanen."

Schikaniert wurden sogar die Kinder von selbstständigen Unternehmern: *„Meine Tochter durfte, weil ihr Vater selbstständiger Handwerker war, nicht an der Schulspeisung teilnehmen. Es hieß einfach: ‚Die Eltern gehen ja beide nicht arbeiten!'"*
Das gleiche Argument bekam auch diese Mutter zu hören: *„An einen Kindergartenplatz war nicht zu denken. Die waren für die arbeitende Bevölkerung reserviert und nicht für Selbstständige."*

VOLKSEIGENE PRODUKTION FÜRS WESTLICHE AUSLAND

DAS TEXTILKOMBINAT COTTBUS

Tuchfabriken und Textilproduktion haben in der Lausitz eine Tradition, die weit zurück ins 19. Jahrhundert reicht. Zahlreiche Tuchmacher und später große Textilfabriken gaben vielen Menschen in der Region Arbeit. Nach dem Zweiten Weltkrieg gab es in Cottbus noch rund 2500 Beschäftigte in dieser Branche. Zugleich waren 1949 wegen Materialmangels die Betriebe nur zu 60 Prozent ausgelastet. Der Bedarf an Kleidung war durch die wachsende Bevölkerungszahl und die wieder in Schwung kommende Wirtschaft riesengroß. Die staatliche Planwirtschaft führte 1969 zur Gründung des Textilkombinats Cottbus (TKC), in das verschiedene Einzelwerke eingegliedert wurden.

Der Haupteingang zum TKC 1985.

Kurz nach der Eröffnung der ersten Halle im Herbst 1969 produzierte das TKC einen neuen Stoff, ein Großrundgestrick aus Kunstfasern, der sich anlässlich des 20. Republikgeburtstages „Präsent 20“ nannte. Das war ein robustes, knitterfreies Gewebe und wurde deshalb schnell zum Verkaufsschlager. Sogar Einkaufsbeutel wurden daraus produziert: Sie waren stabil und passten in jede Handtasche – für den Fall, dass man spontan etwas einkaufen musste, weil es irgendeine Mangelware gerade gab. Im Volksmund hießen diese Beutel „TKC-Beutel“.

Während der TKC-Eröffnungsfeier am 29. September 1969.

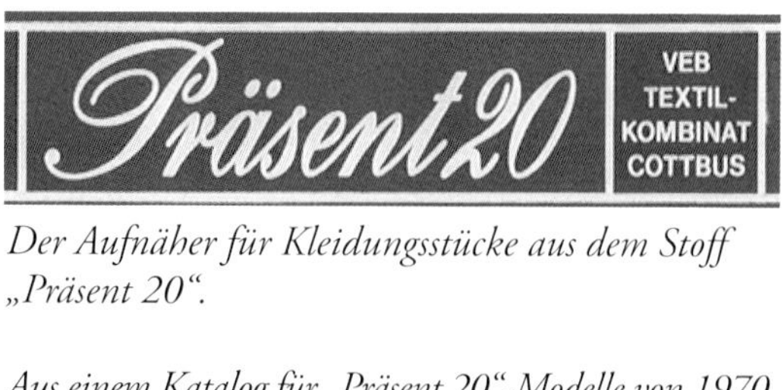

Der Aufnäher für Kleidungsstücke aus dem Stoff „Präsent 20“.

Aus einem Katalog für „Präsent 20“-Modelle von 1970.

Wie prägend das Werk für die bis zu 4000 Strickerinnen, Techniker, Ingenieure, Computerfachleute und in der Versorgung und Verwaltung tätigen Mitarbeiter war, zeigt sich daran, dass der Name TKC, heute noch lebt – als Bezeichnung für den sich dort befindlichen Dienstleistungs- und Einkaufskomplex. Und es zeigt sich daran, wie detailliert die Erinnerungen zum Teil sind, die die ehemaligen Mitarbeiter an ihren Betrieb haben. Eine Mitarbeiterin beschreibt die Umstellung, als sie in das neue Kombinat wechselte, so:
„Es war das erste Mal, dass wir ein Großrundgestrick verarbeitet haben. Das war eine Herausforderung für alle Abteilungen. Mit der Elastizität dieser Stoffe hatten wir damals noch keine Erfahrung. Dafür wurden beispielsweise andere Nähnadeln gebraucht. Auch unsere Mechaniker, die bis dahin unsere Standard-Nähmaschinen zu betreuen hatten, standen vor neuen Herausforderungen. Die haben da auch sehr viel herumgebastelt.“

Besonders die Einführung von halbautomatischen Maschinen, darunter aus Japan, aber auch von Dürkopp, Singer und Pfaff aus Westdeutschland, war eine spannende Aufgabe:
„Wir hatten das Glück, sehr viele Automaten anschaffen zu dürfen. Vorlegen musste man das Material immer noch, aber dann wurde der Nähvorgang von der Maschine automatisch abgearbeitet. Der Lernprozess an diesen Automaten war sehr aufreibend. Wir als Technologen mussten es als Erste beherrschen, um es den Produktionsarbeitern zu zeigen, das war manchmal nicht sehr leicht.“

An der Maschine für Großrundgestrick.

TKC – EXPORTE FÜR „OTTO" UND „NECKERMANN"

Schließlich stellte das TKC Textilien in Qualitäten her, die auch im westlichen Ausland gern gekauft wurden. Es wurde gar einer der führenden Exportbetriebe in der Textilbranche. Für den Export wurden spezielle Anforderungen, etwa in der Größe berücksichtigt. So hatten westdeutsche Versandhäuser wie Otto und Neckermann ihre eigenen Maßtabellen. Und nicht immer stand das TKC als Hersteller auf den Etiketten, die in die Kleidung einzunähen waren. Bis zur Wende produzierte das

Kombinat solche Waren für den Export, obgleich die Qualität des sehr robusten, aber nicht sehr komfortablen Polyester-Stoffes „Präsent 20" später nicht mehr so gefragt war. Dann begann man auch im TKC, Mischgewebe zu produzieren.
Der Export war aber nicht nur der Stolz des Werkes, sondern gelegentlich auch Anlass für Ärger, wie diese Mitarbeiterin beschreibt:
„Für dringende Familienangelegenheiten konnte ich mal in den Westen Deutschlands fahren. Dort habe ich unsere Sachen hängen sehen bei ‚Neckermann' und ‚Quelle' und anderen Versandhäusern. Da haben sie unseren Stufenrock für 28 DM verkauft und hier haben unsere Frauen 140 Mark im Exquisit bezahlt. Darüber war ich richtig böse."

Im Nachhinein stellte sich das einer anderen Mitarbeiterin dann so dar:
„Damals waren wir stolz auf unsere Produkte, heute weiß man, dass die DDR den Status eines Billiglohnlandes hatte. Wir haben die Waren quasi verschenkt. Von unseren schönen Sachen, die wir hergestellt haben, kam nur wenig bei uns an und kostete im Laden viel Geld."
Bittere Pointe für diese Mitarbeiterin war, dass sie als Testerin die Qualität der Kleidung zu prüfen hatte:
„Wir mussten diese Sachen ein paar Wochen tragen in allen möglichen Situationen, um die Qualität zu testen. Wir sind praktisch damit schlafen gegangen."

Ein TKC-Model zeigt die neuesten Entwürfe (Foto: Michael Helbig).

STRENGE VERBOTE EINERSEITS, SOZIALE VERSORGUNG ANDERERSEITS

Über einen anderen Vorteil für TKC-Mitarbeiter erzählt diese Frau:
„Wir haben ja damals viel für den Westen produziert und dadurch bekamen wir auch bestimmte Produkte wie Kaffee oder Kosmetik aus dem Westen im betriebseigenen Konsum zu kaufen. Wir konnten über den Geschenkedienst ‚Genex' ein Auto bestellen, Mini-Fahrräder oder Nähmaschinen kaufen. Das war toll."

Mit den Fahrern der LKWs, die die Ware für den Transport in Richtung Westen beim TKC abholten, war jedoch jeglicher Kontakt verboten, wie diese Wachschutz-Mitarbeiterin erzählt:
„An der Fahrzeugwache kamen nachts die Container, die die Ware holten für Neckermann, Quelle und andere. Wir durften kaum mit den Kraftfah-

rern sprechen, geschweige denn ihnen mal eine Tasse Kaffee anbieten. Das war ja westlicher Kontakt! Das wurde bestraft, wenn man sich mit denen länger unterhielt oder wenn man gar ein Geschenk angenommen hätte. Einmal hat ein Fahrer mit mir gesprochen, ich habe ihm ein Glas Wasser gereicht und ihm die Möglichkeit gegeben, sich in unserer Toilette ein bisschen frischzumachen. Deshalb musste ich früh sofort zum Rapport."

Das Dienstleistungszentrum des TKC (Foto: Michael Helbig).

Doch nicht nur an die Produktion für das westliche Ausland erinnern sich die TKC-Mitarbeiter intensiv, auch an die betriebliche Versorgung und Unterstützung im Alltag.

So gab es betriebliche Kindereinrichtungen, Ferienlager, gemeinsame Feiern und eine eigene Poliklinik mit mehreren Fachärzten. Wohnungen wurden den Mitarbeitern durch den Betrieb vermittelt. Auch eine Verkaufsstelle gehörte zum Betrieb.

„Wenn es dort Bananen gab, dann waren die Leute weg vom Arbeitsplatz und haben danach angestanden", erinnert sich ein Mitarbeiter.

Die Poliklinik des TKC (Foto: Michael Helbig).

Der Kindergarten des TKC im Jahr 1976.

In der Kantine konnte man sich zu jeder Tageszeit zu erschwinglichen, weil gestützten Preisen versorgen. Eine ehemalige Mitarbeiterin ist auch

Jahrzehnte später noch voll des Lobes für ihren Arbeitgeber: *„Die sozialen und kulturellen Einrichtungen im TKC hatten im Republikvergleich Spitzenniveau. Von der Betriebspoliklinik über Kindereinrichtungen, Kantinenbetreuung, Kinderferienlager, Feriendienst, Kulturhaus der Textilarbeiter, Veranstaltungshaus in der Feigestraße bis hin zum Dienstleistungs- und Einkaufstrakt am Betriebseingang gab es eigentlich nichts, was es nicht gab."*

VON KULTURPROGRAMM BIS URLAUBSPLATZVERGABE

BETRIEBLICHE FÜRSORGE

Neben der alltäglichen Versorgung kümmerte sich das Textilkombinat ebenso wie viele andere Betriebe auch um Kultur und gesellschaftliche Aktivitäten. Sie hatten entweder eigene Kulturgruppen, die sie unterstützten, oder verschiedene Ensembles wurden den Betrieben angeschlossen. Diese Gruppen profitierten vor allem materiell (Probenräume, Technik), aber auch dadurch, dass sie für Auftritte von der Arbeit freigestellt wurden. Das galt auch für den sportlichen Bereich.

FKK-Strand des Bezikes Cottbus am Senftenberger See.

So haben die meisten Betriebe Trägerschafften für irgendwelche Freizeitvereinigungen übernommen. Ein Cottbuser begründet das betriebliche Kulturwesen so: *„Es machte sich sehr gut bei der jährlichen Abrechnung vor der Bezirksleitung der Partei, bei kulturellen Anlässen auf seine eigenen Klubs und Vereine verweisen zu können."*

Im TKC sah das so aus, berichtet ein TKC-Mitarbeiter: *„Beispielsweise haben wir unseren Spielmannszug eingekleidet. Dann waren da noch eine betriebseigene Blaskapelle, verschiedene Sportgruppen wie Handball, Fußball. Wir haben eng mit den Schulen zusammengearbeitet. Jedes Kollektiv hatte eine Patenklasse, um die es sich gekümmert hat. Wir haben im Unterricht hospitiert oder die Kinder eingeladen, um ihnen unsere Arbeit nahe zu bringen und auch zu Sport und Spiel."*

Dass derlei Aktivitäten immer auch ideologisch geprägt waren und darauf abzielten, möglichst viele Kollegen einzubinden, schien viele nicht zu stören, wie diese Mitarbeiterin erzählt:

„Toll waren die Wettbewerbe um das ‚Kollektiv der sozialistischen Arbeit‘, die von der Gewerkschaft initiiert und begleitet wurden. Was war da nicht alles zu tun – Patenschaften zu Klassen in Schulen, Patenschaften über wieder Einzugliedernde, über alleinerziehende Elternteile, Arbeitsbummelanten. Heranbringen der Brigademitglieder an Kultur und Sport, wie Teilnahme am Ökulei (Ökonomisch-kulturellen Leistungsvergleich), am Betriebssportfest, Gewinnung von Brigademitgliedern für Theater- und Konzertanrechte, Führung eines Brigadetagebuches über alle Aktivitäten.“

SPORTVEREINIGUNG LOKOMOTIVE

URKUNDE

Betriebssportfest des Kbw Cottbus 1965

Den 2. Platz

im Luftgewehrschießen

der Frauen

belegte die Sportfreundin

Sch[redacted]

mit 37 Ringen

Leiter für Sport

BGL

Cottbus, den 19. Juni 1965

Urkunde für die erfolgreiche Teilnahme am Betriebssportfest.

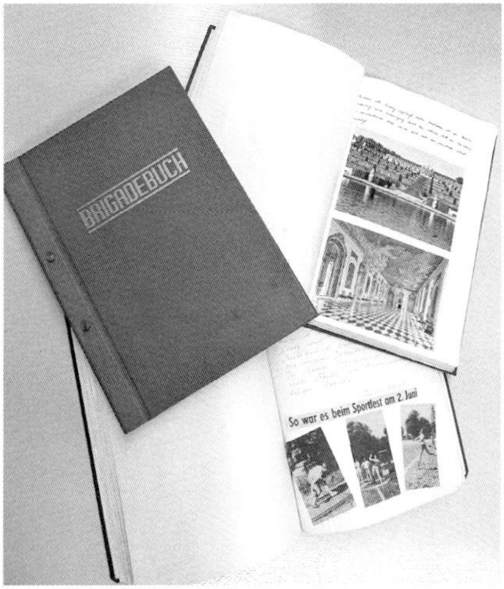

Blick in Brigadetagebücher.

Die Tatsache, dass es für die erfolgreichsten Kollektive und Brigaden Prämien gab, dürfte einer der Hauptgründe für die Popularität dieser Aktivitäten gewesen sein. Aber natürlich bereitete es vielen Beteiligten ganz einfach Spaß:

„Wir hatten ein Arbeitertheater unter der Regie von Erika Kerner, ein Solistenensemble unter Leitung des Pianisten Schulze-Markgraf, die Dixielandstompers unter Horst Kaschube gehörten zum TKC. Was gab es zu den Ökulei für unterhaltsame Programme, was schlummerten für Talente in den Brigademitgliedern! Herrlich und spaßig!“

Einige empfanden die kulturelle Betätigung dennoch als Zwang, zumal sie als betriebliche Organisation zugleich der inoffiziellen Kontrolle durch Parteimitglieder unterstanden. Der Zwang bestand auch aufseiten der Betriebe, die verpflichtet wurden, bestimmte Patenschaften zu übernehmen oder Jugendklubs zu gründen. Andererseits schadete in

den Augen besonders der Engagierten ein wenig Zwang nicht:
„Ohne diesen indirekten Zwang sich auch mit Kultur zu befassen, wäre manch Arbeiter nie in ein Theater oder Konzert gegangen und so wurden sie herangeführt und auch kulturell gebildet."

STEAK MIT LETSCHO UND POMMES FRITES

Ganz abseits der verordneten kulturellen Veranstaltungen kamen die Mitarbeiter der Betriebe gern zum Feiern zusammen. Brigadefeier hieß das dann und entfaltete eine erstaunliche Eigeninitiative. Das Team einer Cottbuser Krankenschwester wollte also feiern und einigte sich schnell auf eine gemütliche Gaststätte als Veranstaltungsort. Da aber die Restaurantküchen von der Mangelwirtschaft ebenso betroffen waren wie alle anderen, musste das Kollektiv bei der Beschaffung der Lebensmittel mithelfen:
„Es sollte Steak mit Letscho und Pommes frites geben, anschließend einen Obstsalat mit Schlagsahne. Das Steak war eine Kammscheibe und durch die Wirtin zu besorgen. Pommes gab es zu der Zeit auch noch nicht wie heute aus der Tüte. Sie mussten aus frischen Kartoffeln per Hand geschnitten werden. Letscho war das eigentliche Problem, mit heutigen Worten eine logistische Herausforderung. Letscho gehörte zu den Sonderkonserven. Das hieß, es gab sie nur selten für jedermann im Handel. Also bestellten wir über die Kantine unseres Betriebes diese Sonderkonserve. Dazu wiederum musste der Küchenchef sich einen Grund einfallen lassen, denn so einfach konnte er das nicht ordern.

Während einer Brigadefeier in der Bierbar Lipa.

Nun ging es erst über die Betriebsgewerkschaftsleitung, die bestätigen musste, dass wir eine ausländische Delegation im Werk empfangen werden. So kamen mit der nächsten Großhandelslieferung sechs Gläser des begehrten Tomaten-Paprika-Gemüses. Natürlich wollten nun der Küchenchef und der Betriebsgewerkschaftsleiter auch jeder ein Glas abhaben. Im Endeffekt blieben uns vier Gläser für 18 Leute. Dann ging es um das Obst. Es war eine ungünstige Jahreszeit, so dass es außer Äpfeln nichts gab. Also blieb uns nichts weiter übrig, als zu improvisieren. Es hatte aber fast jeder Kollege etwas Eingewecktes zu Hause. Das wurde mitgebracht und es wurde ein reichhaltiger und hervorragender Obstsalat. Sogar zwei Büchsen Ananas aus dem Westen wurden spendiert. Die hoben wir allerdings auf, um Sekt mit Ananas zu haben. Wir schafften alles zur Gaststätte. Abends um 19 Uhr waren alle dort und wollten genüsslich speisen. Als das Essen serviert wurde, sah zunächst alles sehr lecker aus. War es auch, bis auf die Pommes frites. Da sie damals nicht zum alltäglichen Speisenangebot gehörten, wusste man in der Gaststätte nicht, dass die Kartoffelstäbchen vorblanchiert werden müssen, wenn sie aus frischen rohen Kartoffeln hergestellt werden. Sie schmeckten wie aufgeweichte Pappe, die irgendwie angebrannt war. Auch das überstanden wir, denn wir freuten uns schon auf den Nachtisch. Es folgte das nächste Dilemma. Der Obstsalat war, wie schon erwähnt, sehr lecker. Aber die Sahne war inzwischen sauer geworden und trotzdem recht großzügig auf dem guten Obstsalat verteilt."

URLAUBSPLÄTZE: „WIE DAS DA ABLIEF, DAS WAR UNMÖGLICH"

Die Einflussnahme darauf, was die Mitarbeiter in ihrer Freizeit tun, reichte bis hin zur Urlaubsplanung. In vielen Betrieben gab es Feriendienstkommissionen, die über die Verteilung der betriebseigenen Urlaubsplätze und Plätze in Einrichtungen des Gewerkschaftsverbandes FDGB entschieden: Ein Cottbuser, der in so einer Kommission mitgearbeitet hat, erzählt:
„Die Reisen wurden ausgehangen, da konnte jeder gucken und beantragen, was ihm zusagte. Die Kommission hat darüber entschieden. Sagen wir mal, auf einen Ferienplatz haben sich fünf Leute beworben, dann haben die geguckt: Wer ist in der Gewerkschaft, wer in der Partei, wer ist faul bei der Arbeit, wer fleißig. Wie das da ablief, das war unmöglich."
Wer private Arbeitgeber hatte, dem war es meist nur über Verwandte möglich, an Ferienplätze zu kommen. So ist die häufigste Erinnerung, die Cottbuser an ihre Urlaube in der DDR äußern, die, dass sie selten einen FDGB- oder Betriebsurlaubsplatz bekamen.

Im Cottbuser Nachbarort Burg gab es ein FDGB-Ferienheim, das heute als Hotel und Spa-Resort „Zur Bleiche" bekannt ist (Foto: Michael Helbig).

Obwohl die FDGB-Ferienheime, meist riesige Plattenbauten, häufig eine große Zahl Urlauber beherbergten, waren sie wegen der Rund-um-Versorgung und den Abendveranstaltungen beliebt. Wohl deshalb wurden sie vor allem auch an kinderreiche Familien vergeben. Oder man musste besondere Beziehungen zu den Entscheidern haben. Mit ein bisschen Glück konnten wenige Cottbuser auch auf außerbetrieblichem Wege an solche Plätze gelangen: *„Manchmal bekamen wir unseren Urlaubsplatz aus der damaligen Barackenstadt. Das war in der Straße der Jugend vor der Brücke rechts. Da standen nur Baracken unter anderem vom FDGB, dort wurden die Urlaubsplätze, die andere zurückgegeben hatten bzw. die keiner wollte, vergeben.“*

IM URLAUB FAHRRÄDER REPARIERT

Die betriebseigenen Plätze waren häufig Bungalows oder Wohnwagen mit Selbstversorgung. So waren diese Urlaube immerhin die preiswerteren – und manchmal auch unkomfortabler:

„Wir hatten Betriebsbungalows am Helenesee. Als wir dort waren, war der Fernseher kaputt, die Mini-Fahrräder hatten keine Luft. Da sind wir bis Berlin gefahren und haben Schläuche gekauft und dann habe ich erst einmal die Räder repariert. Und als ich aus dem Urlaub wiederkam, habe ich zu der zuständigen Kollegin gesagt: ‚Nächstes Jahr möchte ich an der Helene aber gern mal Urlaub machen, dieses Jahr habe ich nur repariert.‘“

Teilweise waren die Mitarbeiter bzw. Führungskräfte der Betriebe darum bemüht, das eigene Angebot zu erweitern, wie dieser Post-Mitarbeiter erzählt:

„Um unseren Kollegen über eine längere Zeit einen relativ sicheren Urlaub an der Ostsee zu ermöglichen, hatten wir uns acht große Zelte angeschafft, wo bequem vier bis sechs Personen reinpassten. Um das noch ein bisschen komfortabler zu gestalten, haben wir Holzböden anfertigen lassen, auf denen die Zelte aufgebaut wurden. Diese Zelte standen dann vom 15. Mai bis Mitte oder Ende September dort oben. Die einzige Schwierigkeit für dieses Zeltlager war, dass wir dafür immer eine Aufbaugenehmigung brauchten. Dafür haben wir in der Zentrale in Stralsund gebettelt, um lukrative Standorte für unsere Zelte zu bekommen. Meistens waren wir in Ückeritz, in Bansin und in Koserow, aber einige Male haben sie uns auch an die Boddengewässer verbannt.“

Auch in den Privatunterkünften, auf die viele Menschen notgedrungen zurückgriffen, waren Selbstversorgung oder Besuche in häufig überfüllten Gaststätten angesagt. Zudem gab es an begehrten Orten wie der Ostsee nie genügend Zimmer, sodass dann im Gebirge statt am Meer Urlaub gemacht wurde. Die Vermieter, die häufig über Zeitungsannoncen oder Bekannte gefunden wurden, waren meistens nett und engagiert, konnten aber nicht immer mit den begehrten FDGB-Plätzen mithalten:

„Ich bin mal über eine Annonce an die Ostsee gefahren. Es waren zwar zwölf Kilometer bis zum Strand, aber das hat mich nicht gestört, ich hatte ja ein Auto.“

Dennoch wurden die Urlaube bei privaten Vermietern häufig als sehr schön empfunden, eben weil sie abseits der großen Ferienheime waren. Und auch ganz ohne Urlaub versuchten viele Cottbuser, ihre freien Tage nett zu verbringen:

„Weil wir beide private Arbeitgeber hatten, bekamen wir keinen Urlaubsplatz. Aber wir haben es uns dann trotzdem immer schön gemacht. Wir hatten später ein Auto und sind mit den Kindern in den Plänterwald gefahren oder irgendwo anders hin. Wir haben uns immer gekümmert, dass es schön war.“

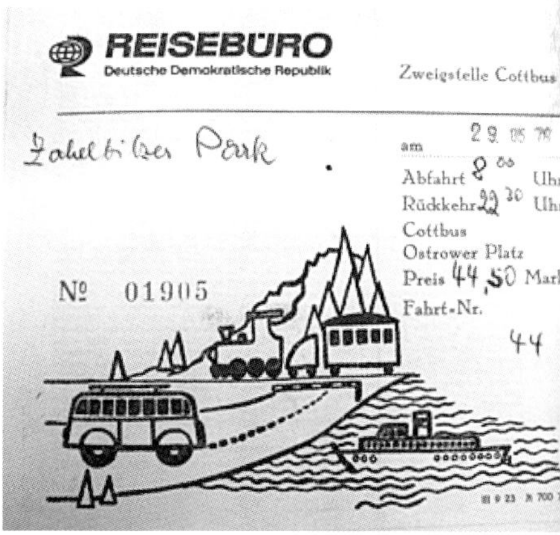

Reisebestätigung vom zentralen Reisebüro in Cottbus.

Von weiten Auslandsreisen konnten die meisten Menschen nur träumen. Es war nur schwer möglich, selbst ins sozialistische Ausland zu kommen: „Da mussten wir uns am Reisebüro in der Karl-Liebknecht-Straße anstellen“, berichtet eine Cottbuserin, die nach Bulgarien wollte. „Mein Mann und ich haben uns schon ab 20 Uhr die ganze Nacht abwechselnd, mit Wärmflasche und Thermoskanne ausgestattet, angestellt, bis früh um 7.30 Uhr das Reisebüro öffnete. Und das alles nur, um mal in den Genuss eines Auslandsurlaubsplatzes zu kommen. Es hat sich aber echt gelohnt.“

KINDERGÄRTEN UND SCHULE

Während es in den ersten Jahren der DDR, die auch in Cottbus vom Wiederaufbau und der sich entwickelnden Kohle- und Energiewirtschaft geprägt waren, trotz großer Bemühungen zu wenige Kindergartenplätze gab, verschwand das Problem im Laufe der Jahrzehnte. So wuchs die Zahl der Kindergartenplätze von 545 im Jahr 1947 auf 944 im Jahr 1950, verteilt auf acht kommunale, vier betriebliche und fünf konfessionelle Kindergärten. Allerdings waren es 1959 nur knapp 40 Plätze mehr, und schon 1150 Kinder belegten diese 980 Plätze. Nur jedes dritte Kind konnte überhaupt in den Kindergarten gehen. 20 Jahre später gab es in Cottbus 56 Kindergärten mit 5088 Plätzen und 38 Krippen mit 2990 Plätzen. 85 Prozent der Kinder besuchten so eine Einrichtung.

Der Kindergarten des Textilkombinats Cottbus (Foto: Michael Helbig).

IM KINDERGARTEN GUT AUFGEHOBEN

Die meisten Mütter empfanden die Betreuung im Kindergarten als sehr gut und stellten fest, dass sich ihre Kinder dort zumeist wohlfühlten, wie eine Arbeiterin berichtet: *„Die Mütter haben ihre Kinder alle untergebracht, wenn sie wollten. Und es gab wenige, die das nicht wollten, weil die Krippen und Kindergärten doch recht gut ausgestattet waren ... Meine Kinder haben sich dort wohl gefühlt, wurden gut versorgt. Für die Kinder wurde eigentlich sehr viel getan. Wenn man nach der Wende dann immer gesagt hat: ‚Die Kinder sind dort nicht vernünftig erzogen worden', dann ist das ganz großer Blödsinn! Ich weiß nicht, ob sie in den heutigen Kindertagesstätten besser aufgehoben sind als damals, ich glaube, es ist nichts anderes."*

NATIONALSOZIALISTISCHE INHALTE AUS DEN SCHULEN VERBANNT

Ähnlich wie im täglichen Leben war der Schulalltag nach dem Krieg durch Mangel geprägt - an Unterrichtsräumen und Lehrern. So mussten die Schüler 1952 noch in Schichten unterrichtet werden, in den Berufsschulen fehlten damals um die 100 Lehrer.

Nicht nur durch die Zerstörungen im Krieg, sondern auch durch den Zuzug vieler Arbeiter und ihrer Familien in die Hauptstadt des Kohle- und Energiebezirks mangelte es auch in den folgenden Jahren an geeigneten Schulräumen, wobei die Auslastung der Räume in den einzelnen Stadtgebieten unterschiedlich groß war. Lernten Ende der 1950er-Jahre in Cottbus knapp 6700 Schüler bei 321 Lehrern, so waren es 1980/81 gut 18 300 Schüler und mehr als 2400 Pädagogen.

Vier Schulmädchen stehen auf dem Schulhof der Carl-Blechen-Schule, 1950.

Durch die ersten gesetzgeberischen Maßnahmen nach dem Krieg sollten alle Kinder in den Bildungsprozess einbezogen und nationalsozialistische Inhalte aus den Schulen verbannt werden. Mit der Schulreform von 1946 wurde die achtjährige Einheitsschule eingeführt, nach der man entweder für vier Jahre auf die Oberschule oder direkt in die Berufsausbildung wechseln konnte. Schon die nächsten Weichenstellungen auf dem Pädagogischen Kongress 1949 legten den Grundstein für eine ideologische Ausrichtung der Schulbildung: Politische Fragen wurden zunehmend diskutiert, außerschulische politische Veranstaltungen wurden zum Pflichtprogramm. 1954 forder-

Die vierte Klasse der 6. Gesamtschule im Jahr 1950. Klassenlehrer war ein Herr Schulz.

Die Lehrlingswerkstatt des Reichsbahnausbesserungswerks Cottbus um 1947/48.

ten Cottbuser Stadtverordnete, Lehrer und Direktoren noch stärker staatspolitisch zu lenken und zu leiten.

Sprachunterricht in der Medizinischen Fachschule (Foto: Michael Helbig).

VORBEREITUNG AUF DIE WEHRPFLICHT

Diese Politisierung zog sich mehr oder weniger durch alle Schulbereiche und reichte hin zu einer regelrechten Militarisierung in den oberen Klassen, was mit dem Gesetz über die Wehrpflicht von 1962 begann. Über die Gesellschaft für Sport und Technik (GST) sollten Jugendliche an entsprechende Fähigkeiten herangeführt werden. Sie wurden damit gelockt, dass sie als GST-Mitglieder preiswert den Führerschein erwerben und den Umgang mit Funkgeräten erlernen konnten. Ein Vater erinnert sich an diese Zeit so:

„In der GST zog man sich die Jugendlichen heran, ob das nun beim Segelfliegen, Funken oder beim Motorsport war. Im Prinzip – aber das haben vor allem die Jugendlichen nicht ganz so gesehen – war es eine Vorbereitung auf die Wehrpflicht. In den letzten zehn Jahren der DDR gab es dann noch diesen Wehrkundeunterricht. Den habe ich nie positiv gesehen. Es ist nicht erforderlich, die Schuljugend in Wehrkunde zu unterrichten, denn das, was dann zur Wehrpflicht dazugehörte, ist ihnen dort beigebracht worden. Was also im Bildungssystem der DDR von Nachteil war, aber damals habe ich das nicht so lauthals verkündet: Es musste immer ein Feindbild her, und der Klassenfeind, das war die NATO. Das stellte schon indirekt eine Militarisierung der Jugend dar."

„LIEBE ZUR DDR" UND „STOLZ AUF DEN SOZIALISMUS"

Vielfach jedoch wurde die ideologische Überfrachtung der Schule, die ab 1965 laut Gesetz zu „Liebe zur DDR" und „Stolz auf den Sozialismus" erziehen sollte, einfach hingenommen:

Eine GST-Uniform.

Eine Cottbuserin, die 1966 eingeschult wurde:
„Wie fast jedes Kind war ich in meiner Schulzeit in der Pionierorganisation. Ich war eine sehr gute und ehrgeizige Schülerin und konnte deshalb auch die Erweiterte Oberschule, die zum Abitur führte, besuchen. Damit war auch automatisch die Mitgliedschaft in der FDJ verbunden. Manche Aktivitäten empfand ich damals schon nicht so angenehm, da vieles vorgegeben wurde und mir zu einseitig regimebezogen war. Zu dieser Zeit habe ich mich aber nicht getraut, etwas dagegen zu sagen, denn ich wollte vorwärtskommen." Die meisten empfanden wohl ihre Kindheit nicht wegen, sondern trotz der politischen Organisationen als angenehm: „Wir hatten in der DDR eine herrliche Jugendzeit, trotz der FDJ und der Jungen Pioniere, wo man überall mitmachen musste."

Vonseiten der Lehrer wurde das System mehr oder weniger intensiv und überzeugt getragen. Noch in den 1950er-Jahren war es so, dass sich durch die beginnende ideologische Überfrachtung des Unterrichts viele der so dringend benötigten Lehrer vom Schuldienst abwandten. Später ging man zu anderen Strategien über. So berichtet ein Lehrer einer medizinischen Fachschule:
„In unserer Schule war es üblich, dass wir Lehrer alle 14 Tage einen politisch-pädagogischen Bericht über die Situation in den Seminargruppen anzufertigen hatten. Ich erinnere mich, dass ich mal kritisiert wurde, weil meine Berichte zu unpolitisch seien. Fortan habe ich, wenn der Bericht fällig war, das ‚Neue Deutschland' zur Hand genommen und unter Bezugnahme auf einige Schlagzeilen und Berichte geschrieben, worüber meine Studentinnen angeblich diskutiert haben. Von dem Tage an wurden meine Berichte nicht mehr beanstandet. Es ist also viel geschwindelt worden. Wenn ich aber an die FDJ-Versammlungen mit unseren Schülerinnen denke, da haben nicht selten die Mädchen, deren Eltern in den Betrieben tätig waren, erzählt, wie es wirklich dort aussah."

Indes konnte die politische Ausrichtung der Schule auch Biografien von vornherein negativ beeinflussen, wie dieser Vater beobachtet hat:
„Leider wurde zum Teil richtig Druck ausgeübt. Wer einen bestimmten Beruf oder bestimmte Studienplätze haben wollte, für den gab es bestimmte Zugangsvoraussetzungen.

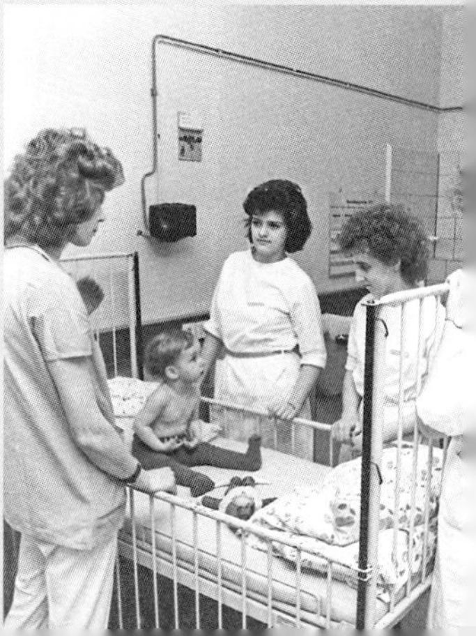

Ausbildung in der Medizinischen Fachschule (Foto: Michael Helbig).

In ein Dolmetscher- oder Sprachmittler-Studium ist niemand reingekommen, dessen Eltern die entsprechenden Voraussetzungen nicht hatten oder der nicht schon mit dem Abitur das Parteibuch hatte. Da spielten natürlich auch Schuldirektoren eine bestimmte Rolle: Wer ermöglichte jemandem doch noch einen bestimmten Bildungsweg?"

Selbst erlebt hat es dieser Schüler, der ohne eine freiwillige Meldung zur Armee nicht hätte studieren können: *„Die DDR-typische Quotenregelung für den Studienzugang legte die Verteilung der Studienplätze nach Geschlecht und sozialer Herkunft fest. Mein Vater war zu meinem Unglück auch noch ein Angestellter. Ich hatte zwar die Prüfung bestanden, aber mir sagte man, dass es mehr Bewerber als Studienplätze gab. So hieß es: ‚Gehen Sie zur Armee. Danach haben Sie die Garantie für die Zulassung für ein Studium und gleichzeitig das Anrecht auf das Aktivistenstipendium.'"*

Die junge Frau, die zunächst nicht Kindergärtnerin werden durfte, weil sie evangelisch war und nicht an der Jugendweihe teilgenommen hatte, konnte später – oberflächlich geläutert – doch noch ihren Traumberuf ergreifen:

„Das kann sich heute kein Mensch mehr vorstellen, was das für ein Kampf war. Die haben damals sogar gesagt, dass sie so eine Bewerbung noch nie hatten. Ich hatte ja alles mit Auszeichnung bestanden, es passte ihnen nur meine Religion nicht. Unter der Auflage, dass ich nicht mehr in die Kirche gehe, wurde ich ja dann zugelassen, diesen Beruf ausüben zu dürfen. Ich musste mich voll der sozialistischen Ausbildung widmen, damit ich später die Kinder im Sinne des Staates erziehen kann."

PRAKTISCHE AUSRICHTUNG

Schon in den 1950er-Jahren wurde in den Schulen schrittweise ein System von Arbeitsgemeinschaften für die Nachmittagsgestaltung aufgebaut. Es wurden kulturelle Ensembles gegründet, die zum Teil das Profil der Schule bestimmten. Sport und Wettkämpfe erfreuten sich großer Beliebtheit, Wandern und Tourismus wurden vor allem in den Ferien angeboten, Betriebe beteiligten sich an der Umsetzung der Vorhaben. Die Eltern schätzten zumeist diese umfängliche Betreuung ihrer Kinder auch am Nachmittag:

„Die Schulzeit meines Sohnes war recht unbeschwert und unbelastet gegenüber dem, was wir als Schüler sowohl in der Nazizeit als auch danach durchgemacht haben. Es war ein Segen, dass unsere Kinder in Frieden ihre Schule besuchen konnten, wenn auch da nicht immer alles rund lief. Die gesamte Betreuung und die gesamte Förderung der Kinder, die fand ich doch sehr positiv."

Positiv wurde auch die praktische Ausrichtung des Unterrichts an den später so genannten Polytechnischen Schulen gesehen:

„Das war eine gute Sache. Egal, wo man später tätig war, in der Schule hatte man dazu durchaus wertvolle handwerkliche Tätigkeiten erlernt, und der Praxisunterricht vermittelte auch, wie man gemeinsam etwas schafft."

Manche Schüler durften an so genannten „Tagen in der Produktion", also dem Unterricht in Betrieben, beispielsweise im Textilkombinat Cottbus (TKC) gar dem Export ins westliche Ausland zuarbeiten, wie der Cottbuser Autor Helmut Routschek berichtet:
„Schüler, die dem TKC zugeordnet waren, nähten Firmenschilder des westlichen weltbekannten Bekleidungsherstellers Steilmann in die in Cottbus produzierten Anzüge und Kostüme."

Zu den praktischen Tätigkeiten in der Schule gehörte auch der Unterricht im Schulgarten. „Dort kriegte jeder Schüler ein Stück Land, ein Beet, das hatte er zu bearbeiten", erinnert sich eine Schülerin. „So sind wir erst mal mit der Natur in Berührung gekommen." Ein zentraler Schulgarten wurde 1964 in der Dahlitzer Straße angelegt.

Schüler der fünften Klasse der 8. POS arbeiten im Schulgarten in der Parzellenstraße, 1967.

Bei all dem empfanden viele Eltern die enge Rückkopplung mit der Schule als hilfreich:
„Das gegenseitige Helfen und Unterstützen, das Kollektive, das Teamempfinden, das war meiner Ansicht nach sehr, sehr wirkungsvoll. Ich persönlich habe es vor 1945 so erlebt: Ich bin nur mit Angst zur Schule gegangen. Es regierte damals noch der Rohrstock. Und da flogen manchmal die Fetzen. Das gab es ja dann alles nicht mehr. Es wurde in der DDR doch weitgehend nur mit Überzeugung gearbeitet. Und ich hatte auch immer Gespräche mit den Lehrern. Meine Frau war im ‚Elternaktiv'. Das gab es vorher alles nicht. Man hatte immer einen Überblick – was läuft in der Schule ab, was passiert da Positives und Negatives."

PARTY MIT GROSSEN GELDGESCHENKEN

DIE JUGENDWEIHE

Die ersten Jugendweihen in der DDR fanden 1955 statt. Eigentlich wollte die DDR die Freidenker-Tradition, die Mitte des 19. Jahrhunderts begonnen hatte und im nationalsozialistischen Deutschland verboten war, aufgrund ihrer Staatsferne nicht fortführen. Den-

noch wurde 1954 ein Zentralausschuss für Jugendweihe in der DDR gebildet, dem bald bis zu 2500 Ausschüsse vor Ort angehörten. Diese wiederum unterstanden der Abteilung Volksbildung des Zentralkomitees der SED. Das Ziel der Jugendweihen war schnell klar: die Jugendlichen ideologisch an den Staat zu binden. So sah es das Jugendgesetz der DDR vor:
„Die Jugendweihe ist in der DDR seit 1955 ein fester Bestandteil der Vorbereitung der Schüler der 8. Klassen auf das Leben und die Arbeit in der sozialistischen Gesellschaft sowie ein bedeutsamer Faktor in der klassenmäßigen Erziehung. In den Jugendstunden, die der Vorbereitung der Jugendweihe dienen ..., erhalten die Jugendlichen einen tiefen Einblick in die sozialistischen Beziehungen der Menschen untereinander ... Aufgabe der öffentlichen Volksvertretungen und ihrer Organe, der sozialistischen Betriebe, Genossenschaften, der Schule und der FDJ ist es, die Durchführung der Jugendstunden und der Jugendweihen zu unterstützen."

JUGENDWEIHE VERWEIGERT: NACHTEILE?

In Cottbus nahmen schon 1960 rund 90 Prozent der Jugendlichen an der Jugendweihe teil. Wer nicht dabei war, musste – nicht immer, aber häufig – mit Schikanen rechnen, vor allem bei der Berufswahl. Einer jungen Frau, die gern Kindergärtnerin werden wollte, wurde die freie Berufswahl zunächst verwehrt:
„In der Ablehnung (in der Kaderakte) stand: ‚keine Jugendweihe, evangelischen Glaubens, Mitglied der jungen Gemeinde (geht gern zu Veranstaltungen), in Diskussionen kommt zum Ausdruck, dass Westfernsehen geschaut wird'. So war ich also für den Beruf als ‚sozialistische' Erzieherin im Kindergarten nicht geeignet!"

Andere Kinder wurden bei Klassenfahrten ausgeschlossen:
„... weil diese ganz gezielt auf die Vorbereitung der Jugendweihe hingingen. Das haben sie uns schon spüren lassen. Es gab Veranstaltungen, an denen wir nicht teilnehmen konnten. Aber das war mir relativ egal, weil ich ja schon meine Linie hatte."
Das wurde von Mitmenschen zum Teil anerkennend wahrgenommen:
„Es gehörte schon ein gewisses Maß an Mut dazu, sich konfirmieren zu lassen und nicht Jugendweihe zu haben. Da gab es couragierte Leute, die das taten."

Allerdings: Manche Konfirmanden, die keine Jugendweihe erhielten, hatten keinerlei Nachteile:
„Entweder lag das hier an der Schule. Manche haben gesagt, wenn man keine Jugendweihe hat, darf man nicht studieren, aber das habe ich nicht

am eigenen Leibe gespürt, dass man da irgendwelche Nachteile hatte.“ Oder die Jugendweihe wurde in vorauseilendem Gehorsam begangen: *„Ich hatte Jugendweihe und Konfirmation, weil ich zur sorbischen Erweiterten Oberschule wollte. Und meine Eltern hatten diese Konzession gemacht, weil sie mir die EOS nicht vergällen wollten. Aber ich bin trotzdem, was die Kirchenseite anbelangt, doch ein sehr aktives Kirchenmitglied.“*

„DAS ERSTE MAL“

Für alle, die mit der ideologischen Richtung der Jugendweihe keine Probleme hatten, stellte sie ein wichtiges Familienfest dar, für das man in den Geschäften schon mal besondere Produkte oder Kleidungsstücke bekam. So konnte sie, erinnert sich eine Cottbuserin, beim Rat des Bezirkes Radeberger Pilsener bestellen, was sie sonst kaum bekam. Den meisten Jugendlichen dürften ohnehin weniger die der Feierstunde vorausgehenden Jugendstunden und die Weihe selbst im Gedächtnis bleiben als vielmehr die Erinnerung an „das erste Mal“: die erste Dauerwelle, der erste Schlips, der erste Rausch. Von den zumeist größeren Geldgeschenken kauften sich viele Jugendliche ihren ersten Kassettenrekorder (Ende der 1980er war der SR 100 angesagt) oder andere begehrte Konsumgüter. Toll war es, wenn der West-Besuch zum Beispiel die Jugendzeitschrift „Bravo“ oder Jeans mitbrachte. Darüber tauschten sich die Jugendweihelinge nach der offiziellen Feierstunde und der überstandenen Familienfeier intensiv aus.

Für die Ausgestaltung der Feierstunden waren kulturelle Ensembles der Stadt zuständig, zum Beispiel das Blasorchester von Hans Hütten, ein in den 1960ern gegründetes Opernensemble oder sorbische Folklore-Ensembles. Hans Hütten erinnert sich an eine besondere Feierstunde:

Jugendweihe in Cottbus (Foto: Erich Schutt).

„Ich spielte 1978 einmal ein Beatles-Medley in der Stadthalle Cottbus. Da gab es dann Parteileute, die mir ein Parteiverfahren anhingen, weil ich ‚imperialistisches Liedgut zu einer sozialistischen Feier‘ gespielt habe. Das sind aus meiner Sicht Leute ohne Geist gewesen, die zwar hoch dastanden, aber letztlich keine Übersicht hatten. Ich habe dann freundschaftlich darüber gelächelt und habe es angenommen.“

Das Publikum indes schreibt den Auftritten des Blasorchesters, das gern zeitgemäße Lieder spielte, einen hohen Anteil daran zu, dass „die Jugendweihen immer zum Höhepunkt für die jungen Leute und zum Erfolg wurden“.

WEGEN FEHLENDER KONFORMITÄT GESCHLOSSEN

WIRBEL UM DAS HOCHSCHULWESEN

Nicht nur äußerlich, etwa durch den markanten Bibliotheksbau, auch atmosphärisch wirkt die heutige Brandenburgische Technische Universität (BTU) Cottbus-Senftenberg in die Stadt hinein: Der hohe Anteil ausländischer Studenten und die gern so ausgewiesene Familienfreundlichkeit bestimmen das Leben in der Stadt mit. Zu Beginn der 1960er-Jahre machte die Cottbuser Studentengemeinde bereits durch mangelnde politische Konformität von sich reden. Einige Cottbuser, die selbst oder deren Angehörige dort studierten, erinnern sich an „politische Probleme“. Die Angehörige eines Mitarbeiters berichtet Folgendes:

„Die Faschingsumzüge der Studenten waren berühmt. Sie haben diese immer gut vorbereitet. Da gab es einen Parteisekretär der SED, der das tolerierte und zugleich darauf Einfluss nahm, dass es keine Entgleisungen im Sinne der Partei gab. Diese Faschingsumzüge hier in Cottbus waren deshalb so bekannt, weil es hier fast ausnahmslos männliche Studenten gab. So kamen die Mädchen aus Cottbus und den umliegenden Ortschaften zu den Faschingsumzügen und zum Tanzen.“

Dass Cottbus neben Dresden und Leipzig der dritte Standort für die Hochschulausbildung im Bauwesen der DDR wurde, lag an der Entwicklung der Region als Kohle- und Energiebezirk. Landeshochbauschule (1948), Fachschule für Bauwesen (1951), Hochschule für Bauwesen (1953), Ingenieurschule für Bauwesen (1962), Ingenieurhochschule (1969) und Hochschule für Bauwesen (1989) – das waren die Vorläufer der

Der erste Rektor der „Hochschule für Bauwesen Cottbus“, Prof. Dr.-Ing. Theodor Musterle, beim Fasching 1958.

heutigen BTU. 1956 wurde der Grundstein des heute noch genutzten Nordflügels mit zwei 200-Personen-Hörsälen, Seminar- und Laborräumen gelegt. Keine zehn Jahre später wurde die Auflösung der Hochschule wegen grundsätzlicher Überlegungen zur Umgestaltung der Ausbildung im Bauwesen in der DDR und eines aus Sicht der Partei- und Staatsführung ungünstigen Gutachtens beschlossen. In einem entsprechenden Bericht vom 25. Januar 1962 heißt es:
„Die Hochschule für Bauwesen Cottbus ist eine mangelhaft ausgebildete Hochschule. Die gesamte politische Leitungs- und Führungstätigkeit ist mangelhaft … Die Verantwortung für die gesamten Mängel trägt die Parteiorganisation. Obwohl die Hochschule keine großen Traditionen hat, gelang es nicht, die muffige, kleinbürgerliche und durch religiöse Bindungen betonte Atmosphäre, die bereits an der ehemaligen Ingenieurschule für Bauwesen herrschte, zu beseitigen … Die führende Rolle der Partei ist nicht gewährleistet, sie lässt einen faulen Liberalismus zu."
– Einen Liberalismus, der offenbar Faschingsumzüge duldete, die nicht nach dem Geschmack der Partei- und Staatsführung waren.

VERWIRRUNG UM DIE HOCHSCHULE FÜR BAUWESEN

Im Jahr der Schließung wurde eine Ingenieurschule für Bauwesen gegründet, die 1969 in die Ingenieurhochschule Cottbus (IHS Cottbus) mündete. Die große Zahl an Einrichtungen, die sich der Ausbildung im Bauwesen in Cottbus widmeten, führte nicht selten zu Verwirrung, wie eine Angehörige beobachtete:
„Nach der Schließung der Hochschule für Bauwesen in Cottbus wurde am gleichen Platz wieder eine Hochschule gegründet, die IHS. Dass es vorher schon einmal eine Hochschule gab, wurde totgeschwiegen. Nachdem an der IHS [1980] die erste Promotion vergeben und dies als die erste Promotion in Cottbus öffentlich dargestellt wurde, meldete sich ein Beschäftigter der einst geschlossenen Cottbuser Hochschule für Bauwesen und teilte mit, dass schon früher, nämlich bis 1963 an dieser promoviert wurde. Die Diplom-Ingenieure, welche zu meiner Zeit hier in Cottbus in der DDR ausgebildet wurden, haben heute Probleme, im Ausland zu erklären, wo sie eigentlich studiert haben: an der Hochschule für Bauwesen, an der IHS oder an der Technischen Hochschule."
Die Erweiterung der IHS durch neue Fachrichtungen sowie die Einrichtung anderer Bildungseinrichtungen erforderten den Bau eines völlig neuen Bildungskomplexes. Zu dem Bildungszentrum, dessen erste Gebäude 1973 in Nutzung gingen, gehörten Wohnheime, Mensa, Kinderkrippe, Schwimmhalle, Polyklinik sowie Lehr- und Versorgungsbauten von sieben Bildungseinrichtungen.

Studenten vor dem Bildungszentrum im Jahr 1973.

Aufgrund seiner Komplexität und des stadtbildprägenden Charakters ist das Bildungszentrum auch heute noch für die Bevölkerung eine häufig gebrauchte Ortsbeschreibung. Die nach der Wende gegründete Technische Universität übernahm viele Gebäude aus dieser Zeit. Die fachliche Ausbildung an den jeweiligen Einrichtungen wurde von vielen Absolventen als besonders praxisorientiert gelobt, vielfach wurden sie direkt von der Hochschule in die erste Anstellung in Cottbus vermittelt.

ES GAB ALLES – GEGEN TAUSCHWARE

MANGELWIRTSCHAFT IN COTTBUS

Die ungelösten wirtschaftlichen Probleme führten dazu, dass die Bevölkerung nicht ausreichend mit Waren des täglichen Bedarfs versorgt werden konnte. Es herrschte eine Mangelwirtschaft, die oft kuriose Blüten trieb. Am merkwürdigsten erscheint es im Nachhinein, dass der Mangel häufig nicht als solcher empfunden wurde:
Ein Cottbuser Paar erzählt: „Wir haben viel, viel Übung in Bescheidenheit und das sagt eigentlich genügend aus. Wir mussten mit den Verhältnissen leben. Es gab nichts im Überfluss, aber das Nötigste war da. Sicher gingen die Wünsche teilweise weiter."
Ein „Häuslebauer" erklärt:
„Dadurch, dass die Ansprüche nicht so hoch waren, weil man ja wusste, dass es an gewissen Sachen mangelte, hat man sich auch nicht maßlos darüber geärgert, wenn man nicht gekriegt hat, was man gerade mal brauchte."
Dieser „Häuslebauer" allerdings hatte Glück. Berufsbedingt kam er ohne Probleme an das Material, was er brauchte.

Probleme, genügend Zement zu bekommen, hatte dieser Grundstücksbesitzer: *„Das war einfach eine Katastrophe da ran-*

Ein Obst- und Gemüseladen in der Berliner Straße.

zukommen. Erst mal war es so, dass jeder Kunde nur eine bestimmte Menge bekommen hat. Ich brauchte mehr als fünf Sack, die da bei der Baustoffversorgung jedem Kunden gegeben wurden. Wenn es hieß: ‚Es ist wieder Zement da', dann bin ich meistens gleich von der Nachtschicht, die um 6 Uhr endete, zur Baustoffversorgung gefahren, die erst um 8 Uhr geöffnet hatte, habe mich dort hingestellt und war schon der 5. oder 6. Kunde. Ich habe meine fünf Sack bekommen, sie bezahlt und dann im Laufe des Tages mit meinem Hänger und dem Auto abgeholt. Das musste man mehrmals machen, wenn man eine größere Menge gebraucht hat. Es sei denn, man hatte ein großes Projekt, für das eine Baugenehmigung vorlag, dann bekam man dafür eine Zuweisung von Baustoffen."

Das Schlangestehen gehörte zum Alltag: Man stellte sich mitunter an, wenn sich irgendwo vor einem Geschäft eine Menschentraube bildete, ohne zu wissen, was es gab.

Ein echter Cottbuser: Olaf Becker – hier mit Familie zur Jugendweihe 1984 – machte Karriere als Theaterregisseur.

Von Bananen auf Rezept erzählt eine damals junge Mutter:

„Mein zweites Kind hat damals so schlecht zugenommen, da habe ich vom Arzt Bananen für sie verschrieben bekommen. Und die konnte ich mir einmal in der Woche im Haus der Gesundheit abholen. Meine Tochter (damals acht Wochen alt) hat dann auch schön zugenommen."

Für die meisten Cottbuser war das Schlangestehen nicht so existenziell – und am Ende auch zufriedenstellend:

„Es gab zum Beispiel die langen Schlangen vor den damaligen Musikgeschäften, wo dann – egal ob französischer Chansonsänger oder ausländische Folklore – alles komplett leer gekauft wurde. So hat man sich über jeden Strohhalm gefreut und war stolz, dass man ihn besessen hat."

VERKAUF „UNTERM LADENTISCH" („BÜCK-DICH-WARE")

Zuhilfe kam vielen, dass sie das Schlangestehen nebenbei erledigen konnten.

Eine Cottbuserin:

„Raritäten kaufen, Friseurbesuch, Arztbesuch – es war damals normal, dass

man das gleich während der Arbeit erledigt hat. Das hat keinen Chef früher interessiert.“

Und dieser Cottbuser erzählt:
„Ich hatte viele Baustellen, bin mit dem Fahrrad viel unterwegs gewesen. Wenn es dann irgendwo frische Bananen oder irgendwas Interessantes gab, dann hat man sich eben angestellt und ein paar Bananen geholt.“

Andere durften dies nicht:
„Man hat sich nach allem anstellen müssen, nach Feierabend. Dass es nie gereicht hat und dass vieles unter dem Ladentisch verkauft wurde, das hat uns sehr geärgert. Das waren Tatsachen, wir wussten, wenn man zu spät kommt, dann kam man eben zu spät. Wenn man für drei Kinder vier Bananen bekam, dann haben wir das schön eingeteilt, damit man zwei Tage lang für jeden ein kleines Stückchen hatte.“

Einen Ausweg aus dieser Versorgungslage boten Tauschgeschäfte.
„Hatte man was zu tauschen, gab es bei uns alles.“ … „Schnaps (am besten aus Nordhausen) gegen Wandfliesen. Spargel gegen Wurst, Marke Halberstadt. Das war schon nervend.“

Selbstständige, etwa Fleischer, tauschten ihre Ware:
„Wollte man KFZ-Ersatzteile haben, wurde eben mal mit einem Fleischpaket bezahlt.“

Fazit: „Wenn man was zum Tauschen hatte, dann hat man fast alles bekommen. Es gab alles in der DDR, nur eben zu wenig“, meinte eine Cottbuserin lachend, die zum Beispiel Schlagsahne gegen Blumen eingetauscht und Dämmwolle beim Hersteller offiziell nur „geborgt“ hatte. Zum Tauschen gehörten auch Dienstleistungen nach Feierabend, die man gegen begehrte Güter anbot:
„Ich hatte das beste Auto, das ich mir wünschen konnte. Weil ich gearbeitet habe, hatte ich auch meine nötigen Kontakte, ich war da, wenn mich jemand gebraucht hat. Ich habe nicht so wie alle anderen nachmittags um 16 Uhr oder 17 Uhr den Kopf aus dem Fenster gesteckt.“

Eine andere Rettung stellte „Bückdich-Ware“ dar, die Verkäufer für gute Kunden unter dem Laden-

Eine Fleischerei in der Heinrich-Rau-Straße.

tisch bunkerten. Dann hieß es: „Reichen Sie mir mal Ihre Tasche rüber", erinnert sich die Mutter einer Großfamilie. „Und ich ahnte nicht, was die Verkäuferin mir da hineintat. Ich zahlte, und was ich in meinem Beutel hatte, das habe ich erst zu Hause gemerkt. Mal hat sie mir eine Flasche Ketchup eingepackt oder auch diesen begehrten Obstsaft für Babys." Schließlich gab es für einige wenige Bürger Hilfe, wenn Kollegen auf Dienstreisen fuhren:

„Cottbus wurde als Kohlebezirk eigentlich gut versorgt. Aber es gab noch die Großstädte wie Dresden, Leipzig und Berlin, wo es noch deutlich besser war. Da hat man natürlich versucht, wenn man wegen dienstlicher Aufgaben vor Ort war, den anderen etwas mitzubringen."

TOILETTE AUF HALBER TREPPE

... UND ALLE 14 TAGE GROSSE WÄSCHE

Entsprechend der Wohnungsnot, die nach dem Kriegsende in Cottbus herrschte, waren die Wohnungen klein und wenig komfortabel. Dass sich Toiletten nicht in der Wohnung befanden, sondern im Treppenhaus, damit mussten viele Cottbuser in dieser Zeit leben.

„Die Toiletten musste man sich auf halber Treppe mit weiteren zwei Familien teilen. Das war früh eine Drängelei vor der Toilette!", erzählt eine Frau, die hinter dem alten Gefängnis in einem Haus wohnte, das heute nicht mehr steht und dessen Keller man schon damals nicht mehr betreten konnte.

„Der Wasseranschluss war auch im Hausflur (mit einem alten Ausguss drunter). Ein Bad gab es gar nicht. Wir haben die Kinder in der Küche gebadet. Da kam eine Babywanne auf den Tisch, dann musste man aus dem Hausflur das kalte Wasser holen, es warm machen und damit die Wanne füllen. Dann wurden alle drei Kinder darin gebadet und wir haben uns danach auch gleich damit gewaschen."

Es gab auch ganze Bäder im Keller, die in Gemeinschaftsbenutzung waren, zum Beispiel in Sandow in der Warschauer Straße:

„Wir hatten aber auch nur Kaltwasser in der Wohnung, Ofenheizung und das richtige Bad war im Keller unten. Ein Gemeinschaftsbad. Da konnte man sich in den Kalender eintra-

Baden in einer Zinkwanne in der Küche, später dann in der Plastikwanne.

gen und dann konnte man dort baden. Man musste natürlich alles wieder ordentlich hinterlassen, für die anderen Mitbewohner.“

Durch den Bau von Neubausiedlungen entstanden neue, komfortablere Wohnungen mit eigenem Bad.

In den Neubauwohnungen kam dann das „heiße Wasser aus der Wand“.

Trotz der beengten Verhältnisse versuchte man, irgendwie klarzukommen, in Sandow in der ehemaligen Forster Straße zum Beispiel so:

„Wir hatten eine sehr kleine Wohnung, höchstens 50 Quadratmeter, und wir waren zwei Erwachsene und sechs Kinder. Ich kann mich noch erinnern, dass wir zwei sehr kleine Kinderzimmer hatten, die zählten damals als halbe Zimmer. Darin stand jeweils ein Doppelstockbett und darunter war ein Rollbett. Wenn wir abends zu Bett gingen, dann wurde das Rollbett herausgezogen. Das stieß dann schon an die andere Wand an, so eng waren die Zimmer.“

Für die Nutzung von Gemeinschaftsräumen gab es Kalender, in die man einzutragen hatte, wann man den Raum nutzen wollte – etwa eine Waschküche in Sandow:

„Da stand ein richtig großer Kessel drin, zum Wäschekochen. Nach dem Waschen wurde die Wäsche in drei Wannen gespült und anschließend geschleudert. Damals gab es aber noch keine Schleuder (wie heute in der Maschine), das war eher eine Wringmaschine. Die hatte zwei Walzen und eine Kurbel. Da mussten zwei Mann die Wäsche durchschieben und einer musste kurbeln, dadurch wurde das Wasser aus der Wäsche gepresst. Alle 14 Tage samstags war bei uns große Wäsche, da mussten wir alle mit ran.“

Auf dem Lande hatte man die große Wäsche oft nach außen verlegt.

In so einem Waschkessel (Bottich) wurde früher die Wäsche gekocht.

Ähnlich aufwändig war diese Arbeit in einem Haus in der Bahnhofstraße: *„In der Waschküche war ein riesengroßer Bottich, in dem wurde die Wäsche gekocht. Über Nacht hat man sie weichen lassen. Am nächsten Morgen ist man dann ganz zeitig, gegen vier Uhr, runtergegangen, hat die ganze Brühe noch mal warm gemacht und die Wäsche dann durch eine Walze geschoben, damit die Seifenlauge rauskam. Dann wurde die Wäsche mit einem Waschbrett geschrubbt, dabei riss man sich immer alle Finger auf. Dann kam die Wäsche ins Spülwasser, welches dann auch gleich wieder für die nächste Wäsche aufgefangen wurde. Dann wurde sie wieder durch die Walze gepresst und danach über dem Hofkreuz quer aufgehängt."*

LANGE WARTEN ODER „SCHMIEREN"

WOHNUNGSEINRICHTUNG AUS DEM „KONSUMENT"

Ob Kühlschrank, Tiefkühlschrank, Möbel oder Auslegware – vieles bekam man nur über Beziehungen, durch Zufall oder nach langen Wartezeiten, schimpft eine Cottbuserin noch heute.
„Eine Schulfreundin arbeitete im Konsument-Warenhaus. Von dort bekamen wir unsere Schlafzimmer- und Korridorschrankwand – natürlich gegen ‚Schmiermittel'. An Couchgarnituren war nicht zu denken, die ließen wir uns beim Polsterer anfertigen, genau wie die Schlafmöglichkeit fürs Schlafzimmer. Die größte Katastrophe war Auslegeware: Zwei Jahre haben wir ohne Teppichboden gewohnt, bis wir den auch über Bekannte ergatterten. Jede Lampe, jeder Besteckkasten war eine Herausforderung an unser Organisationstalent."

Einrichtungsgegenstände aus DDR-Zeiten.

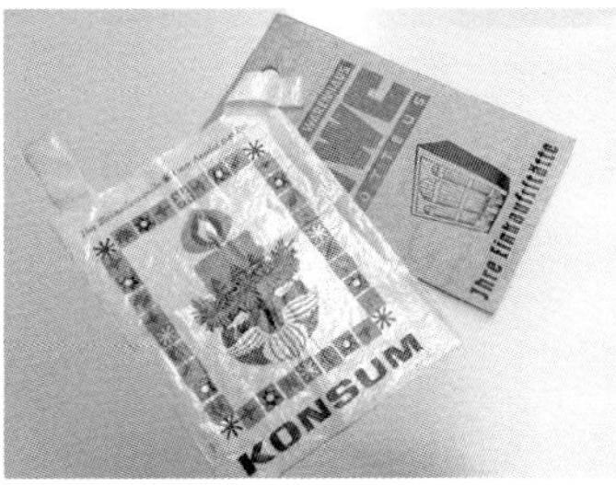

Einkaufstüten des Konsument-Warenhauses.

DER „BUSCHFUNK" FUNKTIONIERTE

Eine Cottbuserin wollte eine Tiefkühltruhe erweben, um ihre geernteten Gartenfrüchte einfrieren zu können. Sie erlebte eine Geschichte, beinahe wie im Krimi:

„Eines Tages erfuhr ich über den berühmten „Buschfunk“, dass es im DDR-Regierungswohnsitz Wandlitz eine Kaufhalle gab, die auch hin und wieder für die Bevölkerung geöffnet war. Wann der nächste offene Samstag war, habe ich an einem Freitag erfahren. Jetzt hieß es Bargeld beschaffen, ein Auto mit Hängerkupplung organisieren, den Autohänger ausleihen. Das war nicht so einfach. Ich wollte ja nicht jedem erzählen, wo ich was holen wollte. Am Ende wussten dann drei Bekannte, dass wir nach Wandlitz fahren wollten, um dort einzukaufen. Die kamen natürlich mit. Es dauerte eine gute Stunde, bis wir die Kaufhalle gefunden hatten. Parkplätze gab es nicht und Parken am Straßenrand war verboten. Also irgendwo am Feldrand das Auto abgestellt und dorthin gegangen. Als Erstes mussten wir unsere Ausweise abgeben und wurden gefragt, was wir denn überhaupt wollten. Nach einer ganzen Weile durften wir passieren. In dieser Kaufhalle gab es dann alles, das heißt, wir haben das so empfunden. Da es zu der Zeit in Cottbus auch mal wieder keine Einweckgummis gab, haben wir diese gleich mitgenommen. Was für die Männer interessant war: Es gab Radkappen für PKWs. Die wurden auch gleich eingesackt. Wir mussten aufpassen, dass am Ende noch das Geld für die Tiefkühltruhen übrig blieb. Da wir ja zu dritt gefahren waren, haben wir auch drei Tiefkühltruhen gekauft. Hurra, wir hatten die begehrten Teile. Aber wie sollten wir sie bis zum Auto transportieren?

Tiefkühltruhen mit dem „Klaufix“ (auch „Mausefix“) geholt, so nannte man damals die kleinen Anhänger.

Zuerst mussten wir uns wieder bei der Wache melden, weil wir das Gelände verlassen und unsere Ausweise wiederhaben wollten. Alles schön und gut, nur wie sollten wir die Truhen zum Auto tragen? Wir durften nur einmal durch die Sperre und das ohne den ausgeliehenen Transportwagen. Als DDR-Bürger hatte man ja das Unmögliche möglich gemacht: Also, per Muskelkraft die drei Tiefkühlschränke, ich glaube je 170 Liter, vor die Wache gestellt, die vier Radkappen und die anderen Einkäufe genommen und im Dauerlauf zum Auto hin. Einer blieb zum Aufpassen zurück. Nun das nächste Problem: Es war auch das Halten unmittelbar am Objekt verboten. Es durfte auch nicht ein- und ausgeladen werden. Man muss sich das mal vorstellen: Drei nagelneue große Tiefkühlschränke am Straßenrand, ein Trabant mit Hänger davor, zwei Soldaten mit Gewehr und drei aufgeregte Leute. Heute muss ich lachen, wenn ich daran denke. Damals war uns nicht zum Lachen, denn wir wollten unbedingt mit unserer ‚Beute‘

nach Hause. Schließlich durften wir doch aufladen. Man bedenke: Drei Tiefkühlschränke auf einen PKW-Anhänger. Glücklich sind wir nachmittags zu Hause angekommen.“

KAUFEN, WENN ES ETWAS GAB, NICHT, WENN MAN ES BRAUCHTE

Ähnlich schwierig war häufig aber auch der alltägliche Einkauf. Abgesehen davon, dass man fast jeden Tag einkaufen ging, weil es nur frische Milch gab und auch das Bier am nächsten Tag flockig wurde, waren die Waren des täglichen Bedarfs nicht immer vorrätig.

Man musste kaufen, wenn es etwas gab und nicht, wenn man es brauchte. Insbesondere die Frauen (die Männer kümmerten sich meist nicht um den täglichen Einkauf) mussten beim Einkaufen eigentlich ständig Schlange stehen. Wenn es Bettwäsche gab, wenn es Fernseher gab, wenn es mal Bananen gab, immer Schlange stehen.
Oder man kaufte etwas ein, was gar nicht geplant war.
Eine Cottbuserin:
„Ich wollte Schlafsäcke für unseren Campingurlaub kaufen. In der unteren Etage des Konsument-Kaufhauses standen so 50 Menschen vor dem Ladentisch. Also reihte ich mich in die Schlange ein. Oh Wunder, es gab – Kaffeemaschinen! Eine Kaffeemaschine konnte ich auch gebrauchen. Also gab ich das Geld, das für die Schlafsäcke gedacht war, nun für eine Kaffeemaschine aus.“

War man erfolgreich, wurde öfter gleich gehamstert, über den eigenen Bedarf hinaus, was zu weiteren Engpässen führte. Also brauchte man Glück – oder den berühmten Buschfunk: *„Einmal kam eine Kollegin später zur Arbeit. Sie war vorher in der Stadt und sagte: ‚Mensch, in der Jugendmode gibt es Cordhosen.‘ Und nach der Arbeit oder in der Pause ist man dann eben schnell los, um sich eine zu holen.“*
Notfalls wurde auch mal ein Tag Urlaub für besondere Einkäufe genommen. Manches musste dann sofort entschieden werden. Da waren die Vorgesetzten oft sehr großzügig. Wenn da ein Mitarbeiter morgens anrief: „Mensch Meister, ich kriege heute das oder jenes! Kann ich einen Tag Urlaub haben?“ Das war dann in der Regel kein Problem.

EIN IMAGINÄRER RUNDGANG

EINKAUFEN IN COTTBUS

In den 50er-Jahren auf der Spremberger Straße:
Eine Schreibwaren-Großhandlung von Albert Petersdorf fand man zum

Beispiel in der Spremberger Straße 39, rechts daneben Goldwaren-Kelber, den Wurstfabrikanten Kahle in Nr. 40/41, in Nr. 42/43 den Druckereibesitzer und Zeitungsverleger Albert Heine, dann rechts davon Schuh-Eimer und Hut-Heider, gegenüber Radio-Kirsten, das Einrichtungshaus Schranke, Spielwaren-Beate, Blumen-Wagner und ein Miederwarengeschäft. Um die Ecke herum zum Altmarkt war ein Porzellangeschäft.

In den 1960er-Jahren entstanden viele neue Handelseinrichtungen, so die PGH „Raumgestaltung" in der Berliner Straße, das Modehaus „Effekt" in der Spremberger Straße und die Geschäfte in der neuen Stadtpromenade. Die Spremberger Straße, die seit 1976 eine Fußgängerzone ist und gern einfach nur „Sprem" genannt wird, war weiterhin zum Einkaufen beliebt. Dort gab es auch später sehr viele kleine Geschäfte. So schlenderte man bei einem Stadtbummel zum Beispiel noch bei Kunstgewerbe „Babel", Haushaltwaren „Hoffmann" und vielen anderen kleinen Läden vorbei. „Die ‚Sprem' war mal sooo schön", erinnert sich eine alte Cottbuserin.

Seit 1976 ist die „Sprem" eine Fußgängerzone – und wurde damit einmal mehr zum beliebten Einkaufsboulevard.

HUT-HEIDER – ZIGARETTEN ALS LOHN

Es waren auch die Selbstständigen und Kleinunternehmer, die gleich nach dem Krieg wieder versuchten, ihre Geschäfte aufzubauen und damit die Wirtschaft in der Region anzukurbeln. So berichtete

ein Lehrling der Firma Hut-Heider, wie froh der aus Kriegsgefangenschaft heimgekehrte Unternehmer Heider war, dass seine Frau bereits 1946 den Betrieb wiedergegründet hatte. Über den schwierigen Anfang schreibt sie:
„In der damaligen Zeit hatten die Worte ‚aus zwei mach eins' eine große Bedeutung. In unserer Firma wurde aus zwei alten Hüten ein neuer gefertigt. Die Stumpen (Filzrohlinge) wurden in Guben gefertigt. Da die Rohmaterialien knapp waren, mussten wir Kaninchenfelle abgeben, die Frau Heider aufkaufte. Die Hutformen bezogen wir aus Luckenwalde. Federn, Blüten und Bänder zum Garnieren holten wir uns aus Sebnitz. Besonders knapp war Nähgarn. So trennten wir Borten auf und erhielten dadurch so manchen Faden."

Die „Sprem" noch mit Straßenbahn. Das Hutgeschäft Heider war von der Sandower Straße auf die „Sprem" umgezogen.

Zum großen Kundenkreis des Geschäfts, das bald von der Sandower Straße in die Spremberger Straße umzog, gehörte auch das Theater Cottbus. Über das Verhältnis der Arbeitgeber zu ihren Angestellten und Lehrlingen erzählt sie:
„Zwar reichten die Lebensmittelrationen kaum aus, um unsere hungrigen Mägen zu füllen. Aber wir waren genügsam und wir teilten. Immer wieder versuchte Frau Heider, irgendetwas an Lebensmitteln zu ergattern, mal Kartoffeln, ein Brot, Brotaufstrich, Graupen. Und das teilte sie mit ihrer ganzen Belegschaft. Ab und zu mussten wir die fertigen Hüte zur Kundschaft bringen. Oft kam es vor, dass wir Zigaretten als Botenlohn bekamen. Diese wurden sofort gegen Lebensmittel getauscht. Und getauscht wurde reichlich."

Eine weitere Einkaufsstraße in Cottbus war die Berliner Straße. Dort konnte man ebenfalls gut einkaufen, die Häuser gibt es aber zum Teil nicht mehr: Zum Beispiel die Drogerie „Brausewetter".
Im Gemüseladen „Eis" bekam die Cottbuserin ihre „Bananen unter der Hand". Am Neumarkt fand man einen weiteren Hutladen, einen Schmuckladen und ein Schuhgeschäft. In der Friedrich-Ebert-Straße gab es den Haushaltswarenladen „Stein". Früher gab es durchaus auch noch

viele kleine private Geschäfte, wo die Leute sehr gern einkaufen gingen. Später wurden die großen Kaufhallen und Kaufhäuser wie das Konsument-Warenhaus, das 1968 eröffnet wurde, zu beliebten Einkaufsadressen.

Trotz der Probleme, die große und kleine Einkäufe mit sich brachten, wurde in Cottbus wie überall gern eingekauft.
Eine Cottbuserin berichtet:
„Man kaufte eben, was es gab, und gelangte so nach und nach zu vielen begehrten Dingen. Dadurch wusste man das so mühsam Erworbene noch mehr zu schätzen und hegte und pflegte es. Wenn es sein musste, brachte man es zur Reparatur und entsorgte es nicht, so wie das heutzutage der Fall ist."
Häufig kamen die Menschen auch aus dem ländlichen Umland, ja, aus dem gesamten Bezirk nach Cottbus zum Einkaufen.

Das Kaufhaus Schocken am Schlosskirchplatz.

Das Konsument-Warenhaus am neuen Stadtzentrum, 1970.

In Cottbus war man mit Kleidungsstücken noch gut bedient, besser noch als zum Beispiel in Weimar, Jena, Karl-Marx-Stadt und vielen anderen DDR-Städten, schätzten manche die Situation ein.

COTTBUSER BAUMKUCHEN, KEKSE UND KORN

Zu den bekannten Cottbuser Produkten gehörten Cottbuser Korn, Cottbuser Baumkuchen und Cottbuser Kekse. Der Baumkuchen, heute noch als Spezialität im Café Lauterbach in der „Sprem" zu haben, soll schon zu Beginn des 19. Jahrhunderts in Cottbus gebacken worden sein. Es handelt sich dabei um einen aus gutem Teig in mehreren Schichten baumstammförmig gebackenen Kuchen, der mit Schokolade überzogen wird. Wie viele Produkte in der DDR war auch der Baumkuchen Mangelware, die als „Bück-" (also unter dem Ladentisch) und Tauschware gehandelt wurde. Das Bäckerehepaar Gröke backte in den 1980er-Jahren Baumkuchen und verkaufte ihn gleich aus der Backstube heraus. Ihre Baumkuchenmaschine wurde noch im neuen Jahrtausend in Burg betrieben.

Cottbuser Korn wurde in der Konsum-Kornbrand- und Likörfabrik Melde hergestellt. Sie avancierte bis 1960 zum größten Kornbrennerei- und Spirituosenbetrieb der DDR. Edelbrände (40%), Cottbuser Korn (32%) sowie Getreidekümmel und Stonsdorfer gehörten zum Sortiment.

Bierdeckel der Kornfabrik Melde von 1955.

Eine Geschenkpackung mit Cottbuser Melde-Korn von 1989.

„KALTER HUND" UND „KUBA-APFELSINEN"

Als Werbefigur fungierte zunehmend der legendäre Cottbuser Postkutscher, der neben den Melde-Spirituosen auch die Kekspackungen von „Naco" (Nahrungsmittelwerk Cottbus) kennzeichnete. Letztere sind als „Der Cottbuser" in rotem Karton auch heute noch beliebt. Zu DDR-Zeiten waren sie die Grundlage für „Kalten Hund", eine Gebäckspezia-

lität, für die Kekse und eine Kokosfett-Kakao-Masse zu einem Kuchen aufgeschichtet, gekühlt und in Scheiben geschnitten wurden. Sie sind es womöglich auch noch heute.
Nicht beliebt, aber mangels Alternativen geduldet, waren die so genannten Kuba-Apfelsinen. Sie waren außen grün statt orange und hatten ein säuerliches, weißliches Fruchtfleisch. Weil es andere Orangen aber noch seltener gab, wurden die Kuba-Apfelsinen gekauft und teils zu Saft verarbeitet oder eingeweckt. Eingeweckt waren sie – ähnlich Büchsenmandarinen – für Bowle oder Kuchen zu gebrauchen. Woher sie ihren Namen hatten, ist unklar. Jedenfalls weiß die Kassiererin einer Werkskantine Folgendes zu erzählen:
„Wir hatten mal Arbeiter aus Kuba für eine Spezialausbildung bei uns. Einmal gab es mittags zum Eintopf Kuba-Apfelsinen als Nachtisch. Die Kubaner konnten noch nicht so gut Deutsch. Sie fragten mich, was das für ein Nachtisch sei. Ich erklärte ihnen, dass das doch Früchte aus ihrer Heimat wären. Sie guckten mich ganz verständnislos an und holten den Dolmetscher. Er übersetzte das und alle lachten. Die Kubaner dachten, ich hätte einen Scherz gemacht, denn solche Apfelsinen hatten sie noch nie gesehen. Ich holte aus dem Lager einen leeren Karton, auf dem stand ‚Havannaexport'. Sie glaubten erst, dass es Apfelsinen sind, nachdem ich eine aufgeschnitten hatte. Ihr Kommentar war: ‚Wenn die so aussehen, ist es Schweinefutter!'"

FANTASIE WAR GEFRAGT

„EIN ROCK WIE AUS DEM WESTEN"

Neben den Spezialitäten zum Verzehren waren Cottbuser Konfektionswaren aus dem neuen Stoff „Präsent 20" begehrt:
„Ich weiß von einer Bekleidungsingenieurin, dass im TKC hochmoderne Damenkostüme hergestellt wurden, die für 50 DM in den Westen gegangen sind", erzählt eine Cottbuserin. „Auch Herrenanzüge wurden genäht und waren in der DDR sehr beliebt. Man konnte sich mit den Anzügen ins Bett legen, denn der Stoff knitterte nicht. Das war ein großer Vorteil."

Er war knitterfrei, allerdings aus Synthetik, weshalb das Tragen auf der Haut nicht sehr angenehm war. Eingekauft wurden Kleidungsstücke gern im Konsument-Warenhaus oder in der Jugendmode. Ab und zu durfte es auch mal der teure Exquisit-Laden in der „Sprem" sein, wenn die Sachen besonders gut und langlebig sein sollten. Doch nicht immer gab es genügend Ware oder sie gefiel nicht, dann nähten die Cottbuserinnen selbst.
Viele erzählen, dass sie ihre Kleidung selbst genäht haben, für sich selbst und ihre Kinder. Die Stoffe dafür bekam man günstig im TKC.

„Ich habe bis spät abends genäht. Dadurch hatte ich ständig schöne Sachen für meine Kinder", erzählt eine Cottbuserin. Allerdings konnte es auch passieren, dass sich TKC-Anzugstoffe plötzlich auf Einkaufsbeuteln wiederfanden: Stoffreste konnte man kiloweise und preiswert erwerben.

Modelle aus dem TKC von 1975.

Die Frauen waren besonders stolz, wenn sie dank ihres Nähtalents besonders schick angezogen waren, wie diese Dame berichtet: *„Wenn wir feierten, wollten wir natürlich schick und elegant angezogen sein. Pfiffig wie wir waren, konnte fast jede nähen und hatte Ideen für die Garderobe. Ich hatte in der ‚Jugendmode' eine tolle Bluse erstanden, die wollte ich zu einer Brigadefeier anziehen. Aber was nützt die schönste Bluse ohne entsprechenden Rock? Röcke gab es, aber ich wollte nicht als Oma herumlaufen. Es war Donnerstag, und Freitag fand die Feier statt. Freitagmittag war um 13 Uhr Feierabend. Da bin ich zu meiner Mutter gefahren, um auf dem Dachboden in einem alten Koffer zu wühlen. Ich fand dann auch ein Stück Stoff, das sich eignete. Ein dunkelblaues Etwas, aus dem innerhalb von zwei Stunden ein Rock werden sollte. Zu der Zeit waren Röcke mit Volant angesagt. Zum ersten Mal in meinem Leben habe ich ohne Anleitung oder Hilfe einen Rock mit Volant genäht. Ich bin heute noch stolz darauf, denn ich wurde von vielen um diesen Rock beneidet. Ein dunkelblauer Rock, wie aus dem Westen und dazu eine weiße Bluse, die auch kein anderer hatte. Die Feier war gerettet!"*

Nähtalent bewiesen die Cottbuserinnen auch bei praktischen Dingen wie Einkaufstaschen und Klammerbeuteln.

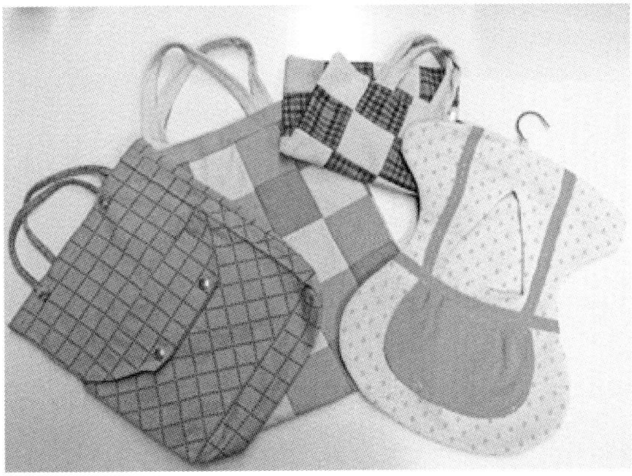

Den Aufwand, den die Frauen für die passende Kleidung in Kauf nahmen, mussten die Männer für ein funktionierendes Auto betreiben. Abgesehen davon, dass die Wartezeit für ein neues Auto meist mehr als zehn Jahre betrug, dieses aber billiger als ein oft schneller verfügbarer Gebrauchtwagen war, stellte die Beschaffung von Ersatzteilen stets eine große Herausforderung dar. Entweder man hatte Beziehungen zu denen, die mit Ersatzteilen handelten, oder man versuchte über Tauschgeschäfte mit Waren oder Dienstleistungen an das gewünschte Stück zu kommen. Dabei war auch einfach Geduld gefragt:
„Es gab Zeiten, da musste man sich das Ersatzteil selbst besorgen. Dann hat es noch eine Woche gedauert, bis es eingebaut war. Und es wurden viele Teile untereinander getauscht. Der eine hatte einen Spiegel, der andere einen Auspuff und dann wurde getauscht.“
Vieles reparierten die Autofahrer einfach selbst und standen in ihrem Erfindungsreichtum den nähenden Frauen nicht nach.

SO FREI WIE MÖGLICH, SO ANGEPASST WIE NÖTIG

KUNST UND KULTUR

Auf die Frage nach dem Kulturangebot zu DDR-Zeiten antworten Cottbuser höchst unterschiedlich: Die einen sahen es als hochwertig und ausreichend an, die anderen fanden es zu klein und zu eintönig. Die Zweiteilung erklärt sich womöglich mit der Aufteilung des Kulturangebots in einen staatlich geförderten und erwünschten Bereich einerseits und die alternative Kultur andererseits, die nahezu nur im Privaten stattfand.
Schon in den 1950er-Jahren war der Hunger der Cottbuser nach Kultur groß. Lange Schlangen bildeten sich vor dem Kino, wenn besondere Filme gezeigt wurden.

Das Kino „Weltspiegel“ in den 1950er-Jahren.

Beim Kartenvorverkauf für den Film „Bonjour Kathrin" bildeten sich 1956 lange Schlangen vor dem Kino.

Das Konservatorium nahm seine Arbeit 1947 auf, das Orchester des Staatstheaters hatte 1947 bereits 52 Mitglieder. In der Spielzeit 1948/49 wurden über 260 000 Theaterbesucher gezählt, in den Jahren darauf stabilisierte sich die Zahl bei 300 000 sowie mehr als 10 000 Theateranrechten. Die Arbeit der Intendanten des Theaters war indes von Meinungsverschiedenheiten mit der Stadtverwaltung geprägt, weshalb sie häufig ihre Tätigkeit vorzeitig beenden mussten.

Der Zuschauerraum des Staatstheaters 1952.

FREIE MEINUNG IM EIGENEN WOHNZIMMER

Die Auseinandersetzung mit den staatlichen Organen bestimmte die Kulturarbeit in den kommenden Jahren auch in anderen Bereichen. Da wurden Worte aus Opernarien auf die Goldwaage gelegt und die Stücke deshalb gestrichen oder Künstler ermahnt, doch auf Texte, in denen Gott vorkommt, zu verzichten. Jede Veranstaltung musste angemeldet werden, sie konnte aber auch aus bestimmten Gründen, etwa vorgeschobenen organisatorischen, abgelehnt werden. Ebenso wurden Veranstaltungen regelmäßig durch die Staatssicherheit überprüft. Viele Künstler versuchten deshalb, im Privaten zu agieren. So lud der Cottbuser Künstler Hans Scheuerecker zu Ausstellungen und Jazzkonzerten in seine privaten Räume ein, führte Diskussionsrunden und Foren für Schriftsteller durch. Vielen Künstlern, die so arbeiteten, kam es dabei nicht in erster Linie auf das Aufbegehren gegen den Staat an, als vielmehr auf die freie Meinungsäußerung.

Hans Scheuerecker um 1975.

TREFFEN IM „FORUM K"

Ein wichtiger Ort für solche Kulturschaffenden war das „Forum K“, das sich in der Personalgaststätte des Konsument-Warenhauses in der dritten Etage etabliert hatte. Immer montags trafen sich jene, die von diesem Forum wussten, um „unangepasste“, „subversive“ oder „progressive“ kulturelle Veranstaltungen zu erleben und sich auszutauschen. Eigentlich verbotene Musik wurde gespielt (und im Bereich der populären Musik war alles verboten, was es noch nicht in den DDR-Rundfunk geschafft hatte), neue Werke vorgestellt, improvisiert und ausprobiert. Es war, sagen Besucher, ein Ort der Inspiration und ein Ort, an dem zurückgezogene Künstler doch aus ihren Privaträumen in eine Gemeinschaft Gleichgesinnter gelangen konnten. Natürlich war dieser Klub auch von der Staatssicherheit gut besucht.

Ähnlich beliebt und in der alternativen Szene bekannt waren der „I-Klub“ (Klub der Intelligenz) in der Bahnhofstraße und das Jazzfestival im benachbarten Peitz. Es hatte gar einen internationalen Ruf, weshalb ein Verbot für die bezirklichen Organe kaum mehr infrage kam. Statt-

dessen wurden offenbar Mitarbeiter der Staatssicherheit darauf abgestellt, das Festival durch Buh-Rufe zu stören.
Abseits von dieser inoffiziellen Kultur gab es zahlreiche Veranstaltungen und Ensembles, die auf irgendeine Art staatlich gefördert wurden, sei es durch die Trägerschaft einer der staatlichen gesellschaftlichen Organisationen (Gewerkschaft, Jugendorganisation) oder als betriebliche Kulturgruppe.

Ein Konzert des Stabsmusikkorps.

SO FREI WIE MÖGLICH ...

So wurde etwa der sorbische Kammerchor, Mitte der 1970er-Jahre von Jan Paul Nagel gegründet, vom „Haus der Lehrer“ getragen. Bekannte Bands wie Sandow oder WK 13 erhielten Technik und Probenräume über Betriebe ihrer Mitglieder oder Angehörigen. Gehörte man als Kulturschaffender zu einem Betrieb, so konnte man für die künstlerische Arbeit auch schon mal eine Freistellung vom Dienst bekommen. Andersherum bekamen private Initiativen nahezu keinen Pfennig Unterstützung. Künstler, die freiberuflich arbeiten wollten, mussten sich einstufen lassen, um festgesetzte Honorare zu erhalten. Bildende Künstler bekamen ihre Aufträge ausschließlich von staatlichen Stellen wie Gewerkschaften, Armee, Schulen, FDJ, Stadtverwaltungen oder Betrieben. Und die hatten bei der Gestaltung ihr Wort mitzureden.
Wer also in diesem System mit seiner Kunst überleben wollte, eignete sich die Fähigkeit an, so frei wie möglich und so (selbst) zensiert wie nötig zu arbeiten.

Ein Liedermacher erzählt:
„Eine Zensur im Sinne des Wortes, als eine Instanz, zu der man hingehen musste, um seine Texte vorzulegen und diese mit einem Stempel zurückzubekommen, gab es nicht. Irgendwo gab es eine Grenze, wo man wusste, hier beginnt ein Straftatbestand. Wir alle hatten mit der Zeit eine Methode gefunden, eigentlich alles zu sagen in den Texten und manches überhaupt nicht direkt auszusprechen. Es hat Anpassungsprozesse gegeben, die haben mit dem politischen System relativ wenig zu tun, sondern damit, dass man überleben will, dass man nicht blind oder sehenden Auges in Konflikte oder Schwierigkeiten läuft und dass man trotzdem versucht, als Künstler die Dinge loszuwerden, die man loswerden will."
Ältere Bands wie WK 13 sahen ihre Möglichkeiten der freien Äußerung, auch in der Stilistik, noch sehr viel stärker begrenzt als die der späteren Bands wie Sandow oder Feeling B. Da wurden auch mal Konzerte abgebrochen oder produzierte Stücke nicht im Radio gespielt. Auch eher unpolitische Bands wie die sehr bekannten 5 Carolls, die sich schon 1957 gegründet hatten, mussten staatliche Vorgaben erfüllen und 60 Prozent Titel aus DDR-Produktion spielen. Wenn sie mal etwas zu großzügig mit der Vorgabe umgegangen waren, gab es gleich Ärger mit den Verantwortlichen.
Beim Thema Kultur darf das Schaffen der Laienkünstler und das Wirken zahlreicher Künstlervereinigungen nicht vergessen werden.

MEIST HOCHWERTIGES KULTURPROGRAMM

Schon im Sommer 1947 begann der Cottbuser Männerchor wieder zu proben, es folgten der Städtische Chor und ein Bäckermeister-Gesangverein. Ende der 1950er-Jahre gab es schon sieben Chöre. Zu den populären Veranstaltungen in Cottbus gehörten zudem das alljährliche Pressefest, Masken- und Faschingsbälle, Modenschauen und Tanzabende. In Volksmusikschulen erhielten Schüler Gesangs- und Instrumentalunterricht. Die Bläsergruppe „Spreewaldmusikanten" spielte sorbische Folklore, und die Schüler der Sorbischen Oberschule und des Niedersorbischen Kinderchores trugen ihren Teil dazu bei, die sorbische Kultur zu pflegen.

Die Cottbuser Musiktage im Herbst etablierten sich ebenso wie die „Woche des Buches". Einen wichtigen Impuls bildeten die 5. Arbeiterfestspiele, die im

Der Niedersorbische Kinderchor.

Juni 1963 in Cottbus stattfanden. In der Folge gründete sich die „Amateur-Puppenbühne“, die heute noch als Puppenbühne „Regenbogen“ besteht, 1969 das Cottbuser Kinder-Musical, 1972 das Arbeitertheater des TKC und 1974 die Vokalgruppe „energie“.

Das Logo der Arbeiterfestspiele 1976.

1966 taten sich Cottbuser Komponisten in einem Verband zusammen, um unter anderem zum jährlichen Cottbuser Musikherbst Stücke regionaler Komponisten, teils in Uraufführungen, zu Gehör zu bringen. „Die DDR hatte sich schon Mühe gegeben, das kulturelle Angebot relativ hochzuschrauben“, fasst ein Kulturschaffender zusammen, „um den DDR Bürger von feindlichen, westlichen Einflüssen fernzuhalten.“

Und was auch viele nicht wissen: Die DDR war Weltmeister im Free Jazz. Hier die Johannes Bauer Workshop Band (1981) auf der Fischerfestwiese Pleitz bei Cottbus (Foto: Creuziger).

Orchesterprobe (Foto: Michael Helbig).

MIT BEGEISTERUNG DABEI

BREITENSPORT UND SPITZENLEISTUNGEN

Ähnlich bedeutsam wie die Kultur ist der Sport für Cottbus – und zwar nicht erst, als der Fußballverein Energie Cottbus in der ersten

Bundesliga spielte. Ab 1948 waren wieder Sportvereine in der Stadt zugelassen, damals gab es bei der Betriebssportgemeinschaft (BSG) Cottbus-Ost schon 21 Sektionen. 1951 wurde die Cottbuser Radrennbahn eingeweiht, ein Jahr später fuhren die Sportler der V. Internationalen Friedensfahrt durch Cottbus. Der Radsport sollte fortan ebenfalls eine große Bedeutung für die Stadt haben und viele Medaillenträger hervorbringen. Im Sommer 1948 wurde die Fußballmannschaft von Cottbus-Ost gegen Babelsberg Fußballlandesmeister.

1954 kämpften die Boxer von Lok Cottbus gegen den VfB Wolfsburg im Lindengarten.

Die Radrennbahn in Cottbus (Foto: Michael Helbig).

MACH-MIT-BLEIB-FIT!

Große Beachtung schenkte man in Cottbus der Förderung von Kindern und Jugendlichen. Spartakiaden fanden statt ebenso wie Volkssporttage und Mach-mit-Bleib-fit-Wettbewerbe. 1952 wurde das Sportzentrum an der Dresdner Straße mit Anlagen für Tennis, Volley- und Basketball sowie Hockey und sieben Jahre später das Lok-Stadion sowie der Dynamo-Sportplatz eröffnet. Mit der Eröffnung des Schwimmstadions „Friedrich Ludwig Jahn" gab es ab 1960 den ersten Sprungturm in der Stadt.

Schwimmstadion „Friedrich-Ludwig-Jahn" (1963).

In den Neubaugebieten entstanden in den 1970er-Jahren Ballspielplätze, um auch den Freizeitsport in den Wohngebieten zu fördern. Ebenso gab es betriebliche Sportangebote. 1963 wurde Cottbus mit dem neu gegründeten Sportclub (SC) zum Sportleistungszentrum mit vier Sektionen, wenngleich dies hinter den Hochburgen in Berlin und anderen größeren Städten noch zurückstand.

AUF UND AB BEI DEN FUSSBALLERN VON „ENERGIE"

Seit 1966 gehörten dessen Fußballer zur Betriebssportgemeinschaft „Energie" Cottbus, die Ende der 1960er-Jahre ihre Spielstätte im Stadion der Freundschaft fand und bis heute behielt. Ähnlich wie im kulturellen Bereich hatten damals viele Betriebe Trägerschaften von Vereinen übernommen – das machte sich, erinnert sich ein Cottbuser, bei der jährlichen Abrechnung vor der Bezirksleitung der Partei immer sehr gut. Die damaligen Energie-Fußballspieler wurden gar dahingehend unterstützt, dass sie beim

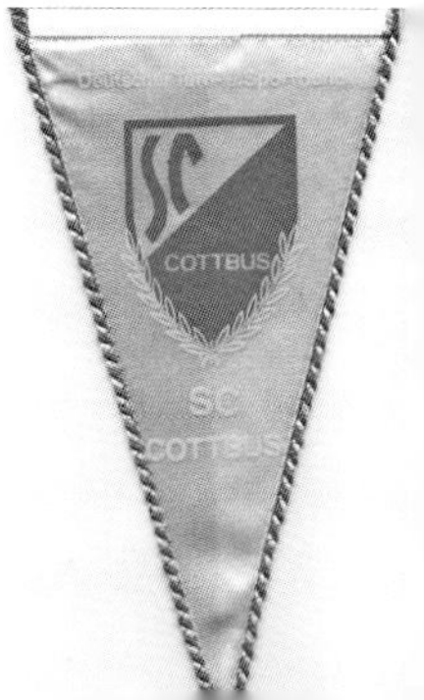

Ein Wimpel des SC Cottbus von 1975.

Kraftwerk „Jänschwalde" eine Beschäftigung bekamen. 1973 schaffte Energie Cottbus den Aufstieg in die DDR-Oberliga, um jedoch gleich wieder abzusteigen, was sich noch dreimal wiederholen sollte. Der Klassenerhalt von 1989 löste einen Boom des Fußballsports in Cottbus aus, der durch die Zeiten in der Bundesliga (2000 bis 2003 und 2006 bis 2009) nochmals befeuert wurde.

COTTBUSER BEI OLYMPIA

Ab 1965 war die DDR bei den Olympischen Spielen mit einer eigenen Mannschaft vertreten, darunter auch immer Cottbuser Sportler wie Uwe Grabe, Gunhild Hoffmeister, Rosemarie Ackermann, Lutz Heßlich und Lothar Thoms. 1975 zog die Kinder- und Jugendsportschule von Forst nach Cottbus – in Anerkennung der Leistungen, die die seit 1954 bestehende Einrichtung vorzuweisen hatte. Im Cottbuser Sportzentrum an der Straße der Jugend wurden für die angehenden Spitzensportler neue Gebäude gebaut: Dazu gehörte ein Hochhaus, wo die Verwaltung, Sportstättenbetriebe und Praxen untergebracht waren. Ferner gab es das Haus der Athleten, das Internat und die dazugehörige Küche mit Speisesaal. Damit wurde die Cottbuser Kinder- und Jugendsportschule etabliert, die auch heute noch als Lausitzer Sportschule Cottbus existiert und seitdem viele Medaillengewinner, etwa bei Olympischen Spielen, hervorgebracht hat.

Fünf Weltmeistertitel holten 1979 die Radsportler Lutz Heßlich, Lothar Thoms, Volker Winkler, Hans-Joachim Hartnick und Bernd Drogan nach Cottbus.

Den größten Erfolg hatten 1979 die Radsportler, die fünf Weltmeistertitel nach Cottbus holten: Lutz Heßlich im Sprint, Lothar Thoms über 1000 m, Volker Winkler über 4000 m mit der Mannschaft, Hans-Joachim Hartnick und Bernd Drogan im Straßenvierer. Damit überholten sie die Sowjetunion in der Nationenwertung.

IM ALLTAG ZUSAMMENGESCHWEISST

HAUSGEMEINSCHAFTEN UND IHRE SUBBOTNIKS

Nahezu einhellig erinnern sich DDR-Bürger gerne an den Gemeinschaftssinn – ob im Betrieb oder in der Hausgemeinschaft. Man vertraute seinen Nachbarn, man feierte zusammen, man pflegte die Grünanlagen gemeinsam. Das Bemühen, es sich nett einzurichten in diesem Land – trotz der alltäglichen Schwierigkeiten, das schweißte zusammen. Das Gemeinschaftsgefühl kam schon dadurch auf, dass die Nachbarn häufig die gleiche Arbeitsstelle hatten, etwa im Tagebau oder im Gesundheitswesen, dass sie als Erstbezieher nahezu zum gleichen Zeitpunkt einzogen, die gleichen Kindergärten oder Schulen besuchten. Viele dieser Hausgemeinschaften hatten sich im Keller Clubräume eingerichtet und dort gefeiert:
„Da haben wir einen Tresen eingebaut und Bänke und einen großen Tisch. An der Tür waren von innen (als Lärm- und Wärmeschutz) Eierverpackungen angebracht. Und da haben wir alle so manche Feier zusammen gemacht – Weihnachtsfeier, mit richtigem Weihnachtsmann, Fasching usw. Auch hinter dem Haus, auf der großen Wiese, haben wir gefeiert – Kindertag, Grillfeste."

Oder man erntete zusammen, wie in der Bahnhofstraße:
„Wir hatten dort hinter dem Haus einen Pflaumenbaum, einen Kirschbaum und Flieder. Und wenn die Kirschen reif waren, dann wurden diese gemeinschaftlich geerntet und gerecht unter allen Familien aufgeteilt. Es waren dort auch so viele Kinder im Haus, in den Ferien zum Beispiel war der Innenhof immer von uns belagert. Es war dort echt schön und nie langweilig."

Auch die weitere Freizeitgestaltung wurde gemeinsam organisiert, etwa im Neubaugebiet Schmellwitz:
„Manchmal sind wir (alle aus einem Aufgang) zusammen weggegangen, bis auf das ältere Pärchen, die sind dann immer zu Hause geblieben und haben aufs Haus aufgepasst. Und unsere Kinder wussten alle, dass sie sich eben genau dort melden können und dieses Pärchen wusste auch Bescheid. So waren unsere Racker nicht allein und man konnte mal beruhigt zusammen ausgehen."

Das funktionierte auch zwischen verschiedenen Berufsständen: *„Der Zusammenhalt war groß, egal welche Arbeiterschicht es war, man hat zusammengehalten und alle standen auf der gleichen Stufe. Bei uns haben ein Major, eine Zahnärztin, eine Allgemeinärztin usw. gewohnt. Das ging alles super."*

Bei einigen war das gemeinsame Leben besonders intensiv: *„Wir kannten uns binnen kurzer Zeit so gut, dass an den Wohnungstüren die Schlüssel stecken blieben, damit jeder ohne zu klingeln in die Wohnungen kam. Es war ein sehr herzliches Verhältnis, die Kinder wuchsen wie in einer großen Familie auf, jeder passte auf das Kind des anderen auf."*

Allerdings konnte so ein Aufeinander-Achten auch zu weit gehen, wenn man nicht den Erwartungen der anderen entsprach, wie diese Cottbuserin berichtet: *„Wir hatten alte Mitbewohner im Haus und die fühlten sich wahrscheinlich gestört. Ich hatte ein kleines Kind, welches wirklich ein Schreikind war. Aber dafür konnte ich ja nichts. Mir wurde dort genau gesagt, wo ich meine Wäsche aufzuhängen hatte und wehe, ich habe mal den falschen Haken benutzt, dann war halt die Wäscheleine durchgeschnitten. Den Kinderwagen durfte ich auch nicht eine Minute in den Hausflur stellen – dann hatte ich irgendwelchen Müll oder sogar Asche im Kinderwagen."*

Nach der Wende änderte sich das Zusammenleben in diesen Hausgemeinschaften schnell: *„Einer nach dem anderen baute sich ein Haus oder kaufte sich eine Eigentumswohnung und verließ unsere doch so schöne Hausgemeinschaft. Inzwischen sind wir die einzige Familie, die vom Erstbezug übrig geblieben ist." Aber der Kontakt zu den Gefährten von einst, erzählt diese Frau, sei noch da. Heute, erzählt ein anderer Cottbuser, kenne man kaum noch den Flurnachbarn: „Nach der Wende ist bei den Menschen hier sehr dieses ‚Ich' eingezogen, das Geld."*

Indes bleibt festzuhalten, dass die Aktivitäten der Hausgemeinschaften zu DDR-Zeiten so freiwillig waren, wie sie es heute auch sein könnten.

Finanziert wurden diese Aktivitäten in den Hausgemeinschaften – abgesehen davon,

Baumpflanzaktion im Stadtteil Schmellwitz (Foto: Michael Helbig).

dass zur Versorgung jeder etwas mitgebracht hat – häufig durch Geld, das die Einwohner für die Pflege der Grünanlagen erhalten hatten. Um die 400 Mark konnten da schon mal anfallen, die, außer für Ausflüge, auch für neue Pflanzen ausgegeben wurden. Dabei engagierte sich jeder, wie er konnte:

„Beim Rasenmähen hat einer eine Flasche Schnaps besorgt und die Frauen kamen dazu, haben Kuchen mitgebracht. Wir haben Bäume gepflanzt. Ich hatte eine Schlosserei im Betrieb, dort habe ich für unser Haus Blumenkästen machen lassen und eine Einfassung für die Rasenfläche, damit nicht jeder drüberlatschte. Man hat sich für sein Haus interessiert. Jetzt interessiert das niemanden mehr. Dieser Zusammenhalt war damals wesentlich."

Unterstützt wurde das Engagement für das eigene Wohnumfeld durch „Mitmach-Zentren", also Stützpunkte, an denen man sich Geräte ausleihen und Material erhalten konnte.

An Stützpunkten der Wohnungsgenossenschaften konnte man sich Arbeitsgeräte ausleihen.

Wichtig war so ein Engagement auch für die Aktionen, die nicht der Verschönerung des eigenen Umfeldes, sondern der ganzen Stadt dienen sollten. In Arbeitseinsätzen, die meistens samstags stattfanden (daher der Name Subbotnik, der aus dem russischen Wort für Samstag abgeleitet ist) und teils freiwillig, teils im Rahmen von verpflichtenden Leistungen für die Wohnungsgenossenschaft abgeleistet wurden. Es wurden Wege gepflastert, Bäume gepflanzt oder Zäune in Gartensparten gesetzt. Auch Arbeitseinsätze von Kindern und Jugendlichen, meistens im Rahmen der Pionierorganisation oder der FDJ, hießen Subbotnik. Eine der umfangreichsten Subbotnikreihen fand im 1960 eröffneten „Pionierpark Otto Grotewohl" statt.

Erster Spatenstich im „Pionierpark Otto Grotewohl" am 13. Dezember 1958.

Anlässlich des ersten Spatenstichs im Dezember 1958 meldeten Cottbuser Pioniere der Parteiführung, dass sich viele Schüler verpflichtet hätten, Aufbaustunden zu leisten: So wollten zum Beispiel die Schüler der 6. Oberschule 100 Aufbaustunden, Schüler der 2. Oberschule 1500 Stunden leisten, Schüler der Pestalozzischule wollten mit 300 Stunden zupacken. Um Geld für Baumaterial zu beschaffen, zogen Pioniere mit Handwagen von Haus zu Haus und sammelten Altstoffe. Auch Betriebe leisteten freiwillige Stunden und stellten Material und Geräte bereit. Der laufende Betrieb des Pionierparks, etwa die Parkpflege, wurde ebenfalls durch Subbotniks der Parkgäste unterstützt. Aber auch der Aufbau des Cottbuser Tierparks ab 1954 kam ohne Subbotniks, an denen sich Freiwillige, Mitglieder der Jugendorganisation FDJ und städtische Betriebe beteiligten, nicht aus.

MIT VORBESTELLUNG

COTTBUSER FREIZEITBESCHÄFTIGUNGEN

Über die Freizeit der Cottbuser während der DDR zu berichten, bedeutet zunächst einmal festzustellen, dass es davon nicht sehr viel gab – zumindest für die Erwachsenen, sicher auch unterschiedlich in den verschiedenen Zeiten.

Der Alltag war geprägt von langen Arbeitstagen. Viele Cottbuser, auch Frauen, arbeiteten Vollzeit, also acht Stunden lang. Hinzu kamen Arbeitswege, auf denen Kinder in die Kindergärten gebracht oder von dort abgeholt wurden und tägliche Einkäufe inklusive Schlangestehen erledigt wurden. So begann der Tag außerhalb der eigenen vier Wände meist zwischen sechs und sieben Uhr morgens und endete gegen 17 Uhr. Dann hieß es Abendbrot zubereiten, Hausarbeit erledigen, Kinder ins Bett bringen. In den ersten Jahren kamen zu diesem Ablauf noch Öfen heizen und Wäsche per Hand waschen hinzu. Wer einen Garten hatte, kümmerte sich im Sommer um die Ernte, wer nähen konnte, nähte allabendlich an neuen Kleidungsstücken für die Familie.

Oft als Freizeitbeschäftigung und Ausgleich zum Beruf genossen, aber auch für die eigene Versorgung benötigt, war das Gärtnern in der Kleingartensparte. Damit bescherten sich viele Cottbuser nicht nur selbst ein größeres Angebot an Obst und Gemüse, sondern auch noch ein kleines finanzielles Zubrot, wenn sie Teile der Ernte verkaufen konnten:

„Ich kann mich erinnern, dass wir als Kleingärtner Obst und Gemüse an die Läden verkauft haben. Und die haben sogar manchmal mehr an uns dafür bezahlt als der Kunde im Laden. Man musste als Kleingärtner richtig Buch führen über die Ernte.“

Obst- und Gemüseaufkauf bei Kleingärtnern (Foto: Erich Schutt).

Auch vor den Kaufhallen wurde die Ernte verkauft oder an Kollegen verschenkt. Indes war es nicht so einfach, an ein Gartengrundstück zu kommen. Eine Frau, die ihren Garten von einem Bekannten bekam, der in eine andere Stadt gezogen war, erzählt:
„Das lief alles nur über Beziehungen. Ein Betrieb hatte soundso viele Kleingärten, aber das ist ja bis unten gar nicht durchgesickert. Die haben sich oben erst einmal alle selbst versorgt. Der kleine Arbeiter hat immer zuletzt etwas bekommen."

Von den Mühen, die Ernte einzuholen und zu verarbeiteten, berichtet diese vierfache Mutter:
„Von April an bis in den November sind wir mit allen vier Kindern mit den Fahrrädern in den Garten gefahren. Jeder hatte einen Korb hinten drauf. Und dann wurde hier gearbeitet: erst gegossen und auch mal gehackt, dann geerntet. Die Kinder haben geschimpft und gestöhnt, dass sie immer arbeiten müssen, aber irgendwo hat es auch Freude gemacht. Sie sind dann mit vollen Körben wieder in die Stadt gefahren. Dann haben wir zum Beispiel die Birnen gemeinsam geschnitten und eingeweckt. Daran denken die Kinder heute noch gern. Wir haben zusammen um einen Tisch gesessen, geschält, eingeweckt und uns unterhalten."

Bummel auf der Leninallee im Stadtteil Sachsendorf (Foto: Michael Helbig).

BELIEBTE SONNTAGSAUSFLÜGE

Für die meisten Freizeitaktivitäten blieb also nur das Wochenende, vor allem der Sonntag. Ab August 1967 waren auch die Samstage in der Regel arbeitsfrei. Das Wochenende wollte man hauptsächlich in der Familie verbringen. Eines der beliebtesten Ziele war beispielsweise der Cottbuser Tierpark wegen seiner Weitläufigkeit und seiner naturnahen Gestaltung auf den Außengeländen des Pücklerschen Branitzer Parks. Sehr bald nach seiner Gründung 1954 war er zu einem von zunächst acht staatlich anerkannten Zoos in der DDR und zu einem wichtigen Wahrzeichen der Stadt Cottbus herangewachsen. Ab 1968 beherbergte er Löwen, Tiger und Bären, und ein Jahr später kam der erste Elefant nach Cottbus. Beliebt war er auch als einer der Haltepunkte der Pioniereisenbahn. Sie wurde ebenfalls 1954 gegründet und damals von Pionieren, also Kindern und Teenagern, die der Pionierorganisation „Ernst Thälmann" angehörten, betrieben.

Die 600-Millimeter-Schmalspurbahn zuckelt noch heute gemütlich mit etwa 20 Stundenkilometern zwischen den Bahnhöfen Sandower Dreieck und Schloss Branitz hin und her, manchmal sogar durch eine Dampflok gezogen. Die Begeisterung der jungen Eisenbahner reichte stets weit in die Familien, also auch in die Zeitpläne der Eltern hinein. Und es gab sogar Dutzende Ehen, die aus Eisenbahnbekanntschaften hervorgingen und die das Hobby an die nächste Generation weitergaben. Gern nahmen sich Cottbuser Familien am Sonntag ihre Räder und fuhren nach Burg in den Spreewald zu einer Kahntour oder tobten sich am Badesee Madlow aus.

Die Pioniereisenbahn auf einer Postkarte von 1967.

SAMSTAGS ZUM TANZEN UND ANSCHLIESSEND IN DIE NACHTBAR „CLOU"

Samstagabend gingen die Cottbuser gern tanzen, vorausgesetzt, sie wussten ihre Kinder gut versorgt. Waren keine Großeltern da, so verpflichtete man die Nachbarn, indem man ihnen einen Schlüssel zur Wohnung gab und sie bat, ab und zu nach den – meist schlafenden – Kindern zu sehen. Gern ging man in die Stadthalle, in der häufig bunte Programme aufgeführt wurden, Fasching gefeiert wurde oder Konzerte stattfanden.

Buntes Programm zur Eröffnung der Stadthalle im Jahr 1975.

Viele Cottbuser hatten Theater-Anrechte, mehr als zehntausend solcher Anrechte gab es jedes Jahr. Oder man ging in eine der Lokalitäten, um mit Freunden zu essen oder zu tanzen. Beliebt war beispielsweise „Kaisers Gaststätte" in Schmellwitz, die zeitweise als Kulturhaus des TKC fungierte und sich nach der Wende zur Diskothek „New York" wandel-

Die Gaststätte „Stadt Cottbus" in einer Innenansicht.

Die Gaststätte „Zum Stadttor".

te. Dort sollen fast alle Rockbands, die in der DDR einen Namen hatten, gespielt haben; 2004 wurde das Haus abgerissen.
Zum Tanzen oder auch nur zum Quatschen und Trinken ging man aber auch in „Erichs Bierstuben“ am Altmarkt, in die „Friedensburg“ in der Beuchstraße, in „Winklers Ballhaus“ in Ströbitz, ins „Stadt Cottbus“, ins „Stadttor“ oder in die „Stadtsäle“.

Dort traf man sich nicht nur am Wochenende, sondern auch wochentags etwa nach der Spätschicht. Wollte man am Samstag den Abend noch verlängern, so bot sich die Nachtbar „Clou“ an.

Logo der Nachtbar „Clou“.

Zu einem Geheimtipp hatte sich das Haus der Armee (HDA) entwickelt, wie sich diese Cottbuserin erinnert: *„Da konnte man schön essen, Fasching feiern, Silvester feiern, Tanzen gehen. Und wenn dort das Armeefest stattfand, dann gab es immer sehr schöne Dinge zu kaufen, zum Beispiel Bücher, die man sonst nicht bekam. Am Anfang war es im HDA auch nie besonders voll, aber mit der Zeit hat sich das herumgesprochen und dann kamen später die Massen dorthin. Das wurde sehr gut angenommen.“*

Zu einer Nummer 1 hatten sich offenbar auch die „Stadtsäle“ in der heutigen Stadtpromenade entwickelt:
„Das war ein Gasthof mit einem großen Saal, wo Veranstaltungen stattfanden, die ihresgleichen suchten. Die Boxveranstaltungen waren immer gut besucht. Die alten Cottbuser schwärmen heute noch davon.“
Einfach mal zum Kaffeetrinken oder auf ein Bier ging man ins Café Lauterbach, das sich heute auf der Sprem befindet, im Jahr 1900 aber in der Berliner Straße eröffnet und zwischendurch in der Bahnhofstraße betrieben wurde. Dort gab es auch den berühmten Cottbuser Baumkuchen.

Ganz einfach dürfte das Vergnügen, sich in einem Cottbuser Lokal zu treffen, jedoch nicht immer gewesen sein, wie sich diese Cottbuserin erinnert:
„Wenn man mal vorhatte, ins ‚Stadt Cottbus‘ zu gehen, dann musste man das schon mindestens vier Wochen vorher wissen und bestellen. So einfach

hingehen und sich da ein Stündchen hinsetzen, das war nicht möglich. Es haben ja alle Betriebe ihre Feiern in Gaststätten gemacht, so waren zum Beispiel von März bis Ende April immer alle Gaststätten wegen der Frauentagsfeiern ausgebucht."

Unterwegs waren viele Cottbuser zumeist mit den Freunden aus der Hausgemeinschaft oder mit Arbeitskollegen – ob einfach nur auf ein Feierabendbier, auf einen Kaffee, zum Tanz oder zum Ausflug.

„DER HIT ZU DDR-ZEITEN WAR JA AUCH DAS ‚CAFÉ SÜD'"

Die Jugendlichen von Cottbus trafen sich zur Disko, etwa beim „Schiepchenball" von 16 bis 21 Uhr im Klubhaus der Jugend (heute Gladhouse).

In der Disko (Foto: Michael Helbig).

Sie zogen auch gern auf die Dörfer, wie diese Cottbuserin erzählt: „ ... mal ins ‚Kaisers', mal ins ‚Kleine Spreewehr', mal ins ‚Brunschwig' und der Hit zu DDR-Zeiten war ja auch das ‚Café Süd'."

In Cottbus war das Teehäuschen, ein japanischer Pavillon am Rande des Puschkinparks ein beliebter Treffpunkt. Kurz vor der Wende gründete sich in der Marienstraße die Galerie mit Kneipe „Marie", die bald zum Szenetreff für Alternative wurde.

Die Gaststätte „Brunschwig" von außen.

In der Gaststätte „Brunschwig".

Freizeitbeschäftigungen wie Bowling waren ebenfalls angesagt, aber nicht ganz ohne Hindernisse:
„Für die Bowling-Disco musste man sich, wenn man Sonnabend abends hinwollte, schon am Mittag eine Karte kaufen. Oder man musste Beziehungen haben. Sonst kam man dort gar nicht rein, weil sie so klein war und nicht viele Leute reinpassten. Ich kannte dort den Barmixer und kam eigentlich immer rein."

JUGENDKLUB MIT FRÜHSTÜCK

Zu Beginn der 1980er-Jahre wurden in Cottbus mehrere Jugendklubs unter Federführung der staatlichen Jugendorganisation FDJ gegründet. Eine Mitarbeiterin des Jugendklubs Madlow erzählt über diese Zeit:
„Wir hatten rund um die Uhr geöffnet und dafür sieben Mitarbeiter. In unserem Wohnviertel gab es viele Bergarbeiter und Schichtarbeiter, die fast rund um die Uhr arbeiten mussten. So haben wir für die Nachtschicht meistens ein Bergarbeiterfrühstück gemacht. Auch alltägliche Sachen wie Foren, Lesungen, Discotheken, Workshops und allerhand andere Sachen haben wir dort veranstaltet."

Zu den Initiativen, die sich von selbst innerhalb dieses Klubs bildeten, gehörten auch Breakdancer, die beim älteren Publikum zuweilen Kopfschütteln hervorriefen. Es fanden auch viele Konzerte verschiedener Musikrichtungen statt.
Die ehemalige Mitarbeiterin:
„Das wurde so gut angenommen, dass wir richtig kleine Festivals ausrichteten. Die konnten aber dann nicht mehr bei uns im Klub stattfinden, weil die Mittel ja wie gesagt räumlich begrenzt waren. So haben wir dann die kleinen Festivals mit bis zu 700 Leuten in der Mensa der heutigen Berufsschule in der Makarenko-Straße veranstaltet."

Zwei junge Mädchen flanieren durch die Leninallee im Stadtteil Sachsendorf.

Doch nicht alle Jugendlichen waren in den Jugendklubs unterwegs. Viele trafen sich einfach nur vorm Haus, wenn sie nicht durch schulische Aktivitäten gebunden waren:

„Wir sind 1983 ins gerade entstehende Neubaugebiet Sachsendorf/Madlow gezogen. Dort gab es noch unheimlich viele Sandhaufen, in denen wir gespielt haben, aber auch so was wie Kantenball an der Bordsteinkante oder Gummihopse oder generell Ballspiele. Als wir dann größer waren, so im Alter von 13–14 Jahren, da waren Spiele ja out und wir haben uns immer auf einer Bank an einem Hochhaus getroffen. In den Jugendklub sind wir eigentlich nie. Viel wurde zu DDR-Zeiten ja auch durch Pioniernachmittag und ähnliche Aktivitäten bestimmt."

KINDER WAREN GUT AUFGEHOBEN

Die Kinder, die abends schon zu Hause sein mussten, waren am Nachmittag im Hort gut beschäftigt. 1980 standen 6370 Hortplätze zur Verfügung. Es gab schon seit den 1950er-Jahren zahlreiche Arbeitsgemeinschaften – allein an der „Station Junger Naturforscher und Techniker" waren es bis zu 80.

Die Station Junger Naturforscher und Techniker war im heutigen Stadthaus untergebracht.

Auch in den Ferien waren die Kinder betreut – sie konnten an ganztägigen Ferienspielen teilnehmen. Eine bedeutende Rolle bei den Freizeitaktivitäten der Cottbuser Kinder spielten das Konservatorium und das Cottbuser Kindermusical, das 1969 gegründet wurde. Später kam das Kinder- und Jugendensemble „Pfiffikus" dazu.

Schüler vor dem Konservatorium Cottbus (Foto: Michael Helbig).

„JEDER HAT GESEHEN, WIE ES WIRKLICH WAR"

PRESSE IM SINNE DER BÜRGER?

Am 15. August 1952 erschien die erste Ausgabe der 1946 in Bautzen gegründeten Lausitzer Rundschau als Organ der SED-Bezirksleitung Cottbus. Infolge der Zentralisierung der DDR waren die fünf Länder aufgelöst worden, den 15 nun entstandenen Bezirken wurden Bezirkszeitungen zugeordnet, die von der SED herausgegeben wurden. So fungierte die Bezirkspresse als entscheidendes Instrument der Parteiführung. Die Bezirkszeitungen deckten die Lokalberichterstattung über Kreis-Ausgaben weitgehend ab, so auch die Lausitzer Rundschau mit ihren 15 Lokalausgaben. Damit war sie die bedeutendste Informationsquelle der Bürger und wesentliches Machtinstrument der SED. Angesichts dieser Bedeutung gab sich die SED nicht mit der Zentralisierung zufrieden, sondern wollte ihre Organe weitgehend kontrollieren. Dabei fiel der Partei die ideologische Orientierung zu, während das Ministerium für Staatssicherheit (MfS) dafür zu sorgen hatte, dass die Vorgaben umgesetzt und nicht in Frage gestellt wurden.

In der Setzerei der Lausitzer Rundschau 1954 (Foto: Erich Schutt).

„ICH HABE DAS GESCHRIEBEN, WAS MIR NICHT GEFALLEN HAT"

In der Berichterstattung hatten sich die Mitarbeiter der Lausitzer Rundschau also diesen Zielen zu fügen. Zu ihren ersten Themen gehörten die Probleme bei der Normerfüllung, die unter anderem zu den Ereignissen des 17. Juni 1953 führten, und die Prozesse gegen Handwerker und Gewerbetreibende, denen beispielsweise Verkaufsabotage oder Verschaffung von Steuervorteilen durch Serienaufträge vorgeworfen wurde. Zugleich nahm die Redaktion öffentliche Kritik an Missständen auf, wie dieser Bericht über Abflussprobleme nach starken Niederschlägen im Juli 1953 zeigt:

„Einmal mag so ein Wolkenbruch mit anschließender Überschwemmung von Straßen und Plätzen ein ungewöhnliches, prickelndes, feuchtes Ereignis sein. Wenn das aber 50 Jahre lang in jedem Kalenderjahr 2- bis 3-mal vorkommt, und wenn dem VEB Grundstückswesen die Verhältnisse am Berliner Platz 1 und an anderen Stellen der Stadt bekannt sind, bis heute jedoch trotz Besichtigungen noch keine Abhilfe geschaffen wurde, so muss man den Bürokratismus zum Teufel wünschen."

Doch die Berichterstattung blieb bis zur Wende, obgleich sich die Redaktion stets Lesernähe auf die Fahnen schrieb, im Sinne der Staatsmacht, was ihr Spitznamen wie „Lügen-Rudi" einbrachte.

In der Redaktion der Lausitzer Rundschau 1969 (Foto: Erich Schutt).

Eine Untersuchung zur Rolle des MfS bei der Lausitzer Rundschau ergab 2003, dass die meisten Mitarbeiter der Redaktion in Bezug auf die Erreichung der Ziele der SED-Bezirksleitung „hinreichend sensibilisiert" waren, Widerspruch zu den jeweiligen Vorgaben war also durch eine ausreichende Selbstkontrolle nicht gegeben. Der Einfluss des MfS auf die Berichterstattung blieb daher gering.

Wie die Selbstkontrolle bei den staatlich kontrollierten Medien funktionierte, wird aus den Erzählungen einer Mitarbeiterin des Nowy Casnik, einer sorbischen Wochenzeitung, deutlich:

„Ich selber habe nie gespürt, dass ich etwas nicht durfte. Ich habe das geschrieben, was mir nicht gefallen hat, wo ich dachte: ‚Das kann ich ruhig sagen'. Ich war ja ein Kind der DDR und habe auch dazu gestanden. Alles was wir machen wollten, das konnten wir machen, das hat man uns nicht verboten. Wir waren immer bestrebt, den Menschen draußen zu helfen. Darauf war unsere ganze Arbeit ausgerichtet."

Anders erging es einem Mitarbeiter der sorbischen Redaktion des Rundfunks:
„Ich bekam dann mit, dass das, was wir im Sender so über den Äther jagten, mit der Wirklichkeit nicht immer etwas zu tun hatte. Wenn ich dann mal das Mikrofon ausmachte – und durch das Sorbische entstand so ein gewisses Zutrauen – dann erzählten die Leute erst wirklich, was Fakt ist: dass in der Zeitung alles nicht ganz so ernst zu nehmen sei. Da merkte ich erst den tiefen Widerspruch zwischen Praxis und dem, was wir hier als Arbeit erledigten. Ich empfand mich dann so langsam auf der Schiene des Fälschers."
Dieser Journalist erlebte, wie seine Beiträge im Nachhinein noch geschnitten wurden, wenn er schon nicht mehr in der Redaktion war. Wenige Jahre vor dem Ende der DDR wurde er mit einem Berufsverbot belegt. Er hatte eine Nachricht über Waldbestände, die auf ehemaligen Tagebauflächen nachgewachsen waren, live so kommentiert:
„Schön wäre es, wenn wir das auch von unseren sorbischen Dörfern sagen könnten."
Laut Aktenvermerk wurde ihm vorgeworfen, indirekt zu behaupten, „dass unser sozialistischer Staat zu wenig für die Wahrung der Rechte der nationalen Minderheit leistet. … Solche zur Sendung nicht freigegebenen Äußerungen im offiziellen Nachrichtendienst erfüllen den Tatbestand politischer Zersetzung und Aufwiegelung."

Die journalistische Praxis im Bezirk kommentierte ein Cottbuser nach der Wende so:
„In der Zeitung stand immer der gleiche [Quatsch] von der Übererfüllung der Pläne, die ja sowieso keiner kannte."
Eine Cottbuserin kritisiert die Reaktionen der Medien auf die Fluchtbewegung, die kurz vor der Wende einsetzte:
„Was mich genervt hat, waren die verlogenen Reaktionen in den Zeitungen und allgemein in den Medien, in denen Leute, die sich [mit der Situation im Land] nicht abfinden wollten, als Verräter und Halbkriminelle dargestellt wurden. Jeder, der Augen und Ohren in diesem Lande hatte, hat gesehen, wie es wirklich war."

NATIONALITÄTENPOLITIK – NUR AUF DEM PAPIER?

SORBEN IN UND UM COTTBUS

Die Sorben sind ein westslawisches Volk, das sich im 6. Jahrhundert im von Germanen verlassenen Gebiet zwischen Neiße und Saale angesiedelt hat. Trotz der Assimilierungsbestrebungen durch deutsche Siedler im Zuge des hochmittelalterlichen Landesausbaus hat sich das Volk bis heute behauptet und ist als nationale Minderheit anerkannt. Formal, also vom Gesetz her, hatte die DDR die völlige Gleichberechtigung des sorbischen Volkes hergestellt, sie wollte die sorbische Sprache und das Brauchtum schützen und fördern. Das fand allerdings im Laufe der Jahrzehnte eine unterschiedliche Ausprägung.

Es begann damit, dass in den ersten Nachkriegsjahren die Wiederaufnahme des Sorbisch-Unterrichtes an den Schulen in Cottbus und des Gottesdienstes in sorbischer Sprache von den Verantwortlichen zunächst abgelehnt wurde, während die sorbische Dachorganisation Domowina in der Oberlausitz bereits wieder in der Öffentlichkeit präsent war. 1949 wurde ein Sekretariat der Domowina für die Niederlausitz in Cottbus eröffnet, ein Jahr zuvor startete bereits der Nowy Casnik, eine niedersorbische Wochenzeitung. Mit der brandenburgischen Regierungsverordnung „für die gleichberechtigte Entwicklung und Förderung" nahmen auch die Stadtväter in Cottbus die Nationalitätenpolitik zögernd in ihren Fokus. Die Domowina bemühte sich intensiv, durch kulturelle und sprachliche Arbeit wieder eine sorbische Identität herauszubilden:

Eine Obersorbin, die als Lehrerin, Journalistin und Lektorin in der Niederlausitz arbeitete, erinnert sich:

„Wir wussten, es gab viele Aufgaben. Besonders lag uns am Herzen, die Menschen aufzuwecken, damit sie wieder zu ihrer sorbischen Identität fanden. Das hieß, dass wir den Menschen nahe bringen, was wir Sorben haben, welchen Reichtum uns unsere Vorfahren hinterlassen haben."

Dies gelang teilweise, was das Interesse der Bevölkerung in und um Cottbus für Veranstaltungen wie die „Woche der sorbischen Kultur" 1950, das Sorbische Kulturtreffen 1951 oder das Programm des Sorbischen Kulturensembles aus Bautzen belegt. Auch in den späteren Jahrzehnten wurden insbesondere die Kulturensembles gefördert, wurden Sorbische Fastnachten und die Vogelhochzeit gefeiert und Ostereier mit der Wachsreserve- oder Kratztechnik und sorbischen Symbolen verziert.

Doch es blieb dabei, dass die Förderung und Popularisierung der sorbischen Kultur als mangelhaft empfunden wurde. Das

Bei einer Ausstellung mit nach sorbischer Tradition verzierten Ostereiern (Foto: Michael Helbig).

sorbische kulturelle Leben spielte sich hauptsächlich im Kreis Bautzen ab, während es in und um Cottbus nur einige Domowina-Gruppen gab. 1980 vertraten sieben Sorben die Minderheit im Stadtparlament, und der Sender Cottbus brachte 1979 300 Sendeminuten täglich auf Sorbisch.
Es blieb, wie viele Sorben beschreiben, ein Widerspruch zwischen offizieller und tatsächlicher Nationalitätenpolitik:
Eine Sorbin erzählt: „*Der größte Einschnitt für das Sorbische war meiner Meinung nach die Gründung der LPG. Zum LPG-Vorsitzenden wurde ein Fremder gemacht, der Deutsch sprach ... So eine Politik wurde von der DDR auch in der Sorbischen Schule gemacht. Wenn zum Beispiel eine Chemielehrerin sorbisch sprach, wurde sie gern woandershin versetzt mit der Begründung, man brauche sie dort nicht. In diese Schule wurde dann eine Lehrerin gesetzt, die nicht Sorbisch konnte. Dadurch musste der Direktor alle Konferenzen auf Deutsch halten. … So sorbenfreundlich, wie die DDR dargestellt wird, war sie doch nicht, wenn man genau hinsieht.*“
Aber auch jenseits staatlicher Strukturen war es schwierig, eine sorbische Identität zu entwickeln:
„*Zu meiner Jugendzeit wollte man nicht vom Dorf sein, man wollte kein Sorbe und schon gar kein Bauernkind sein. Das waren immer die Doofen, die Zurückgebliebenen, die Bauern. Die Städter haben von oben herab auf die Sorben geschaut.*“
Eine andere Sorbin erinnert sich: „*Unter den Bürgern waren das Verständnis und die Toleranz nicht so ausgeprägt ... So war das auch während der Arbeit. Wenn ich mit meiner Mutter auf Sorbisch telefoniert habe, sagte der Chef: ‚Wenn hier der Sorbenkönig kommt, kannst du wieder in sorbischer Sprache telefonieren.‘ Ich habe ihn gefragt, in welcher Sprache er denn telefoniere, da hat er doof geguckt. ‚In meiner Muttersprache telefoniere ich auch‘, habe ich dann gesagt.*“
Schließlich gab es Zeiten, in denen die Pflege sorbischer Bräuche nahezu unterbrochen war, wie diese Sorbin erzählt:

„*Ich weiß, dass manche Sorben 20 Jahre lang mit den Bräuchen Pause gemacht haben. Der Sozialismus wollte etwas Eigenes entwickeln. Da war die Brauchtumspflege nicht mehr gewollt. Einige Dörfer haben es sich aber trotzdem nicht nehmen lassen. In Cottbus hat die sorbische Oberschule, die 1952 hier gegründet wurde, den Zapustumzug durch die Stadt eingeführt. Es gab schlimme Zeiten und auch moderatere Zeiten.*“

Der Zapustumzug im sorbischen Viertel.

Der Cottbuser Autor Helmut Routschek beschreibt die Situation so: *„Nörgler sahen in der den Sorben zugebilligten Gleichberechtigung eine Art Alibifunktion des Staates, die von einer echten Volks-Mitbestimmung ablenken sollte. Nun, das ist absurd – ob sorbisch oder deutsch: Wo gab's die schon?"*

„UNS GING ES EIGENTLICH GUT, ABER ..."

DAS LEBENSGEFÜHL VOR DER WENDE

Wenn Cottbuser über die Wendemonate erzählen, so sind sie sich zunächst einig darüber, dass das Wendegeschehen hier relativ spät begann. Die erste große Demonstration gab es am 30. Oktober 1989, eine Woche zuvor ein Friedensgebet in der Nikolaikirche. Die Gründe sehen viele darin, dass der Bezirk Cottbus als Kohle- und Energiebezirk noch vergleichsweise gut versorgt gewesen sei. In anderen, vor allem den südlichen Bezirken, sei die Unzufriedenheit viel größer gewesen.

Eine Samstagsdemo in Cottbus (Foto: Michael Helbig).

Die erste große Demonstration gegen das DDR-Regime und die örtlichen Machthaber in Cottbus fand am 30. Oktober 1989 statt.

Als „eine der letzten Bastionen des sozialistischen Staates", in denen die Demos begannen, als anderswo „schon fast alles gelaufen war", bezeichnet gar ein Cottbuser seine Region:
„Da brauchte keiner mehr etwas Großartiges zu machen, denn der Staat war so weit kaputt, dass er sich selbst nicht mehr retten konnte. Die Menschen konnten nicht erschossen werden, die Armee und die anderen politischen Kräfte waren nicht mehr auf der Seite des Staates."

Ein anderer Cottbuser nennt weitere mögliche Gründe für den späten Wendestart:
„Bevor die Lausitzer die Ärsche hochbekommen, muss schon etwas Besonderes passieren. Das Zweite, was wir nicht vergessen dürfen, war, dass die Mehrzahl der Cottbuser Bevölkerung zugezogen war. Ob sich da nun so eine starke Verwurzelung entwickelt hat, vermag ich nicht zu sagen. Und die Leute, die in die Kohle gefahren sind und in den Kraftwerken waren, die hatten ein Bewusstsein im Kopf: Sie wussten, wenn sie nichts mehr machen, dann geht es wirklich voll nach hinten los."
Vergleicht man die Erinnerungen der Cottbuser an die unmittelbare Vorwendezeit, so fällt auf, wie viele sich davon ähneln. Offenbar gab es 1989 viele Menschen, die sich persönlich wohl, abgesichert und gut versorgt fühlten in der DDR. Die Äußerungen über die eigene wirtschaftliche und allgemeine Situation lassen zugleich erkennen, in welcher Bescheidenheit sich viele Menschen eingerichtet hatten:

„Wir waren glückliche DDR-Bürger. Wir hatten einen Zeltplatz, einen Garten, ein Auto. Die Cottbuser waren von der Versorgungslage her besser gestellt und wir befanden uns nicht im ‚Tal der Ahnungslosen' [d. h. ohne Westempfang für Fernsehen und Rundfunk, D. Z.]. In der DDR waren wir so organisiert, dass jeder sein Auskommen hatte. Wir hatten uns darauf eingestellt und wussten, wie es funktioniert. Uns ging es verhältnismäßig gut. Ich hätte keine Wende gebraucht."

So eine vielleicht zufrieden stellende persönliche Situation verstellte vielen Cottbusern dennoch nicht den Blick darauf, was in ihrem Land im 40. Jahr der Gründung schieflief: Von Mangelwirtschaft, starrer Planwirtschaft, geringer Arbeitsproduktivität, eingeschränkter Reisefreiheit, bescheidenen finanziellen Möglichkeiten und politischer Gängelung in allen Lebensbereichen hatten sie genug:

„Vor allem hat mich geärgert, dass an den Führungsspitzen überall die Partei gesessen hat und sie wahrscheinlich nicht immer die besten Wirtschaftsleute waren", erzählt ein Cottbuser, der nicht in der SED war.

„Wir merkten, dass es so einfach nicht weitergehen wird, denn eine Partei kann auch nicht immer Recht haben. Wir bekamen auch mit, als die Wende näher kam, dass teilweise die SED-Mitglieder ihr Parteibuch auf den Tisch legten und gesagt haben, sie könnten hier nicht mehr mitarbeiten, denn so funktioniere es wohl nicht mehr."

Nicht mehr mitarbeiten können – so ging es auch vielen einfachen Angestellten am Ende der DDR: „Als Angestellter in der Produktion ist man zur Arbeit gegangen, mit dem Wissen, dass man mit den Löchern, die man auf der einen Seite stopft, auf der anderen Seite neue reißt."

Zu fliehen – das konnten sich viele Cottbuser dennoch nicht vorstellen, wie dieser Familienvater erzählt:

„Ich hatte hier alles, was ich brauchte. Ich hatte eine sehr schöne bezahlbare Wohnung. Ich hatte eine Arbeit, die mir Freude machte. Ich habe drei Kinder großgezogen. Außerdem hatte ich nicht schlecht verdient und konnte somit meinen ordentlichen Lebensstandard halten. Ich hatte keinen Grund zu fliehen und wohin hätte ich denn auch gesollt? Obwohl ich nicht mit allen Dingen, die uns in der DDR vorgelebt wurden, einverstanden war."

Rückzug ins Private als Rettung – ein Wohnzimmer aus den 1950er-Jahren.

Indes gab es eine Form von Flucht, die wohl viele Cottbuser pflegten – die in die Privatheit:
„Ich persönlich hatte mir, mit meiner Frau zusammen, eine Oase geschaffen, in die wir uns zurückzogen. Das war unsere Wohnung, die wir uns nach dem damals möglichen Standard eingerichtet hatten, sowie eine kleine Pachtparzelle mit Wohnwagen am Scharmützelsee. Das war ein Umfeld, in dem ich nach Feierabend mit keinem gesellschaftlichen Problem mehr konfrontiert war. Wenn es nicht gerade die Pflichtveranstaltungen waren, habe ich mich aus dem gesellschaftspolitischen Leben so weit als möglich herausgehalten."

Für einige, sicherlich nicht wenige Cottbuser, war die Wende aber schlicht ein Schock, wie diese Frau verrät:
„Es war eine ganz komische Zeit. Abends habe ich oft gegrübelt, nicht wegen der Arbeit, sondern was um uns herum passieren wird. Ich kann heute noch nicht dieses Gefühl beschreiben. Ich bin hier in diesem Staat, DDR, aufgewachsen und erzogen worden, ich hatte eine gute Arbeit und auch ansonsten ging es mir und meiner Familie gut. In mir war plötzlich eine innere Leere."

Was in den kommenden Jahren auf die Cottbuser zukam, machte vielen zu schaffen – das Zurechtkommen in einem völlig neuen gesellschaftlichen und politischen System.
Eine Cottbuserin vermutet:
„Die Menschen in den alten Bundesländern sind in dieses System hineingewachsen und haben gelernt, sich selbst zu kümmern. In der DDR war das eben nicht so. Den DDR-Bürgern wurde ja sehr viel vom Staat abgenommen. Im Nachhinein gesehen könnte das sicherlich ein Fehler gewesen sein ... Aber man hat sich damals sicher gefühlt. Die Änderungen nach der Wende bewirkten, dass man sich immer mehr und mehr selber kümmern musste. Das war für viele ein Punkt, von wo aus sie nicht mehr weiterkamen."

Diese Art von Sicherheit und das Wohlfühlen im Staat DDR kritisiert ein anderer Cottbuser:
„Es gab genügend Leute, die so bestimmte Bilder von der DDR zum Ausdruck brachten, wie das super Bildungssystem, das super Kita-System und unsere supertollen Kollektive. Da sage ich: ‚Na schön, warum gibt es diese tollen Kollektive jetzt nicht mehr?' Weil es keine finanzielle Unterstützung aus dem sozialistischen Wettbewerb mehr gibt und keiner bereit ist, seine Westmark dafür auszugeben. Es hat keiner mehr Interesse für so etwas, es liegt nicht am Staat, es liegt an jedem selbst. Es ist nicht nur das politische Kartenhaus zusammengebrochen, sondern

auch das sogenannte gesellschaftliche Miteinander. Es ist das Neue in diesem Staat, dass man viel mehr Verantwortung für sich selbst übernehmen muss, die einem früher abgenommen wurde, ob man wollte oder nicht."

Für viele Menschen der zerfallenden DDR begann in dieser Zeit ein intensiver Erkenntnisprozess. Tausende andere hatten diesen bereits schmerzvoll hinter sich gebracht – in den Zellen der DDR-Zuchthäuser.

Das Cottbuser Zuchthaus in der Bautzener Straße im Jahr 1980.

Sie hatten sich offen gegen den Staat gestellt und wurden dafür inhaftiert. Unter welch unmenschlichen Haftbedingungen sie lebten und welche Repressalien sie erleiden mussten, davon zeugt heute eine Ausstellung im ehemaligen Zuchthaus Cottbus, in dem bereits während der Zeit des Nationalsozialismus und in der DDR-Zeit politische Gefangene einsaßen. Der Publizist Jörg Bernhard Bilke schreibt über diese Zeit: *„Wer in einem DDR-Zuchthaus gesessen hat, weiß alles über diesen Staat. Man gerät in eine völlig andere Welt, von der man vorher nichts wusste."*